초수익 모멘텀 투자

전미투자대회 우승, 슈퍼 트레이더 4인과 나눈 대화

초수익 모멘텀 투자

마크 미너비니Mark Minervini 지음 | 송미리 옮김

MOMENTUM

MASTERS

이레미디어

일러두기

- 이 책은 한글 맞춤법 통일안에 따라 편집했습니다. 의미 전달을 위해 허용 범위 내에서 표현한 것도 있습니다.
- 최근 바뀐 외래어 표기법에 따라 정리했으나, 몇몇 이름과 용어는 사회에서 더 많이 통용되는 것으로 정리했습니다.
- 이미 국내에 출간된 도서는 책 제목을 적었고, 출간되지 않은 도서는 번역문 뒤에 원문을 같이 표기했습니다.

추천사

──────────── 『초수익 모멘텀 투자』는 아주 특별한 책이다.

수많은 위대한 투자자들이 본인의 투자 철학이나 기법을 책으로 남겼지만 독자 입장에서는 '내가 저자가 말한 것을 제대로 이해한 것일까?'라는 의구심이 늘 남는다. 마크 미너비니도 그런 위대한 투자자 중 한 명이다. 『초수익 성장주 투자』를 쓴 후 그는 수천 개의 질문을 받았다고 한다. 그는 그 수많은 질문 중 투자자들에게 가장 도움이 될 만한 130개를 추렸다.

그는 이 질문에 혼자 답변하지 않았다. 본인을 포함해 역대급 투자자 세 명을 모신 후 네 명이 똑같은 질문에 답변하도록 했다. 이 위대한 네 명이 각 질문에 어떻게 답했는지—그들의 공통점과 차이점이 무엇인지—를 비교하는 것이 이 책의 백미이다.

그 4명은 누구인가?

우선 가장 덜 알려진 마크 릿치 2세Mark Ritchie II부터 말하자면, 『시장의 마법사』에 소개된 마크 릿치 1세의 아들이자 네 명 중 유일하게 2011~2022년 월별 수익률 기록이 있는 사람이다(11년 반 동안 연복리 수익률 42.7%!) 그런데 이 정도 수익을 낸 사람이 "내가 나머지 세 명과 같이 감히 인터뷰를 같이할 수 있는 급인지 모르겠다"라는 말을 한다. 나머지 3명은 다음과 같다.

- 저자인 마크 미너비니 - U.S Investing Championship 2회 우승자이자 수많은 입상자의 스승
- 데이비드 라이언David Ryan - U.S Investing Championship 3회 연속 우승자
- 댄 쟁거Dan Zanger - 18개월 만에 1만 달러를 1,800만 달러로 불린 사나이

마크 릿치 2세의 말은 겸손이 아니다. 이 라인업 앞에서는 연복리 43%가 초라해 보이는 것이 사실이다.

이 네 명의 전설은 이 책에서 당신들의 영업 기법을 모두 털어놓는다고 봐도 과언이 아니다. 일반 투자자가 궁금해 할 만한 사항에 친절하게 답을 해 주는데, 아래와 같은 질문에 대한 답변도 포함되어 있다.

1. 어떤 주식을 사는지: 소형주 vs. 대형주, 거래량, 최소 가격 등
2. 어떤 방법으로 사고, 손절하고, 보유하고, 추가 매수하고, 익절하는지
3. 기술적 투자를 어떻게 활용하는지, 그 수많은 차트 패턴과 지표 중 어떤 것이 중요한지
4. 위대한 성장주를 사기 위해서는 어떤 펀더멘털 지표가 중요한지
5. 왜 대부분의 투자자는 망하는지
6. 투자가 잘 될 경우에는 어떻게 대응하는지

3번과 관련하여, 즉 4장 19번째 질문에 대한 데이비드 라이언의 답변은 오래 기억할 듯하다.

"컵 앤 핸들, 소서, W 패턴 같은 패턴은 찾아보지 않아도 됩니다. 대부분 물량이 거래되고 있는 꼭대기에 선 하나만 그으면 됩니다. 그리고 주가가 그 선을 뚫고 움직이면 매수하세요. 아주 단순합니다."

이렇게 간단하게 돌파 매매, 언제 사야 하는지에 대한 답변을 한 고수는 없었던 것 같다. 그림으로 설명하면 다음과 비슷하다(주로 많이 거래되었던 저점, 고점을 연결해 보고 - 가격이 고점을 이은 선을 돌파하면 매수한다).

Higher Lows into Resistance

이보다도 인상 깊었고 책의 별미라고 할 수 있는 장은 3장 '포지션 규모'와 8장 '위험 관리'이다. 나는 대부분의 투자자가 망하는 원인으로 이 두 가지 분야에 대한 지식이 없는 것이 가장 크다고 확신한다. 몇 가지만 살펴보면 다음과 같다.

> 1. 그들은 절대로 한 종목에서 총자산 대비 2.5% 이상 잃지 않는다. 0.5% 이상 잃지 않는 투자자도 있었다.
>
> 2. 매수가에서 10% 이상 떨어진 종목을 손절하지 않은 투자자는 한 명도 없었으며, 대부분의 경우 그보다 훨씬 더 빨리 손절을 한다고 밝혔다.
>
> 3. 한 종목에 절대로 25% 이상 투자하지 않는다. 보통 이보다 훨씬 더 작게 매수하고, 가격이 오를 때만 추가 매수를 하고 물타기는 절대로 하지 않는다.

이 책에는 정말 무릎을 탁 치게 하는 답변이 많이 나오는데, 그 많은 하이라이트 중에서도 가장 훌륭한 답변을 고르라면 나는 3장 첫 번째 질문에 대한 데이비드 라이언의 답변이라고 생각한다. 이것 하나만 제대로 이해해도 이 책값의 1,000배는 건질 것이다. 직접 답을 읽고 여러 번 곱씹어 보시라!

_ **강환국**, 『하면 된다! 퀀트 투자』의 저자

들어가며

종목 선택

포지션 규모

SECTION 4 기술적 분석

121

SECTION 5 펀더멘털 분석

169

시장

진입 요건

SECTION 9 · 거래 관리

SECTION 10 심리

마치며

왜 그리고 어떻게
이 책을 이용해야 하는가

마크 미너비니는 트레이더로 활동하는 내내 셀 수 없이 많은 트레이더로부터 주식시장에서의 성공 비결에 대한 질문을 받아 왔다. 이 중 많은 이가 마크가 1997년 미국투자챔피언십U.S. Investing Championship에서 우승했을 때 그에 대해 알게 되었거나 잭 슈웨거Jack Schwager의 『시장의 마법사들』을 통해 그를 접했다. 마크의 명성은 2013년 맥그로 힐McGraw-Hill사가 펴낸 그의 첫 책 『초수익 성장주 투자』가 출판되자 가히 폭발적으로 높아졌다. 30년간 모멘텀이 강한 주식을 거래하며 얻은 지혜를 정제하여 담아낸 이 책은 단숨에 베스트셀러가 되며 10만이 넘는 트위터 팔로워를 포함한 무수히 많은 추종자를 불러모았다. 미국투자챔피언십에서 세 번이나 우승한 데이비드 라이언David Ryan은 이 책을 "내가 읽은 성장주 투자 관련 서적 중 가장 종합적인 작업"이라고 단언하기도 했다.

『초수익 성장주 투자』는 상당히 넓은 범위에서 깊이 있는 내용을 다뤘지만 트레이더들의 지식에 대한 목마름은 충족되기는커녕 커져만 갔다. 출판

후 2년 동안 미너비니 프라이빗 액세스Minervini Private Access(마크 미너비니가 설립한 투자 정보 및 투자 관련 교육 서비스 제공 회사—역주) 독자들로부터 1,000여 개의 질문이 홍수처럼 쏟아졌다. 몇몇 질문은 책에서 다룬 주제를 한층 더 깊게 들어갔고, 어떤 것들은 완전히 새로운 영역을 탐구하는 질문이었다. 우리는 마크의 독자들이—지금 이 책을 읽고 있는 여러분을 포함해서—우리에게 진정한 보물 창고를 맡겼다는 것을 깨달았다. 현실과 부딪히며 힘겹게 얻은 실제 트레이딩 경험을 바탕으로, 놀랍도록 상세하고 방대한 실전 도전 사례들 그리고 트레이더들이 마주하는 고민으로 가득 채워진 목록을 독자들이 우리에게 전달한 것이다.

이제 우리에게 질문이 생겼다: 이 뜻밖의 횡재에 어떻게 응할 것인가? 나는 마크에게 이들 질문의 상당수를 책을 통해 답하라고 제의했다. "나한테 훨씬 더 좋은 생각이 있어. 내가 아는 최고의 트레이더들에게 나와 함께 답을 하자고 하면 어떨까?" 마크는 친구이자 미국에서 가장 성공한 주식 트레이더들인 데이비드 라이언, 댄 쟁거Dan Zanger 그리고 마크 릿치 2세Mark Ritchie II에게 연락을 취했다. 그들이 열정적으로 화답하면서 모멘텀 마스터스Momentum Masters 프로젝트가 시작되었다.

모멘텀 마스터스의 접근법은 독특하다. 우리는 사무실로 들어온 질문 중 가장 의미 있는 질문 130개를 고르고 이들을 분류해 연관된 것들끼리 엮었다. 나는 트레이더들이 주식시장에서 맞닥뜨린 실제 이슈로서 그들이 직접 보내 온 질문임을 강조하고 싶다. 우리 의견에 근거하거나 트레이더라면 알고 싶어 할 것 같다고 추정한 질문은 없다. 모멘텀 마스터스의 형식 또한 트레이더들을 인터뷰한 대부분의 책과 근본적으로 다르다. 마스터별로 인터뷰를 나누어 각 장에 정리하는 대신, 독자들이 각 인터뷰 내용을 비교·대조해 볼 수 있도록 마크, 데이비드, 댄 그리고 릿치 2세가 모든 질문에 라운드 테이블 형식으로 대답하는 방식을 취했다.

이제 본격적으로 들어가기에 앞서 몇 가지를 환기하고자 한다. 이 책에 전기적인 이야기나 수사적인 표현은 없다. 또 많은 시장 관련 책, 심지어 잘 쓰인 책조차 내용을 가볍게 전달하려고 시도하는데 이 책에는 그러한 샛길도 등장하지 않는다. 이 책의 내용은 묵직하다. 트레이딩에 관련한 질문과 답만 담겨 있다.

둘째, 질문과 답을 읽어 가며 네 마스터의 공통점과 차이점을 적어 보자. 앞서 말했듯이, 이 책의 형식은 비교를 위해 의도적으로 도입되었다. 40년 경력의 베테랑 트레이더인 데이비드 라이언과 30년 경력의 마크 미너비니는 고성장 중소형주를 좋아한다. 25년 경력의 댄 쟁거는 대형주와 초대형주를 선호한다. 가장 젊은 트레이더인 마크 릿치 2세는 2010년도 마크 미너비니 마스터 트레이더 프로그램 워크숍Mark Minervini Master Trader Program Workshop 1기에서 열린 세 자릿수 수익률 도전 대회Triple Digit Challenge에서 우승했다. 배운 것을 토대로 자신의 계좌에서 100퍼센트 수익률을 가장 빨리 달성하는 사람이 우승하는 대회였는데, 릿치 2세는 6개월 이내에 달성해 냈다. 이후 5년간 릿치 2세가 꾸준히 탁월한 성과를 거두는 것을 가까이서 지켜본 마크 미너비니는 "릿치는 모멘텀 마스터가 되어 가고 있고 이 책에 포함되어야 해"라고 말했다.

주식 트레이더로서 성공하려면 무엇을 살지, 언제 살지, 언제 팔지를 배워야 한다. 그리고 그보다 중요한 것이 있다. 자신의 트레이딩 스타일을 자신의 심리적 특성과 강점에 맞추고 약점을 보완하는 법을 배우는 것이다. 각 질문에 대한 답을 비교·대조하면서 네 트레이더가 공유하는 기본 절차와 핵심 원칙들을 날카로운 눈으로 따라가 보자. 마스터들의 답에 담긴 뉘앙스에 큰 성공을 이룬 모멘텀 마스터들의 공통점이 있다. 네 마스터가 지닌 직관, 예리함 그리고 트레이딩 경험을 통해 독자들은 어디서도 쉽게 찾을 수 없는—무엇보다도 자신이 가장 관심 있는 분야에 대한—배움을 얻을 수 있을 것이다. 여러분에게는 거대한 지식의 장이 기다리고 있다. 이 책을 잘 이용하기를 그리고 좀 더 낮은 리스크로 보다 높은 수익을 향해 가는 여정에 성공만이 가득하기를 바란다.

밥 웨이스만_{Bob Weissman}_**편집인**

모멘텀 마스터들을
소개합니다

마크 미너비니

──────── 마크는 베스트셀러 저서인 『초수익 성장주 투자』의 저자이다. 마크는 단 한 분기의 손실과 5년 연속 평균 220퍼센트의 연수익률로 3만 6,000퍼센트라는 경이로운 총수익을 달성하며, 단 몇 천 달러로 시작한 개인 계좌를 몇 백만 달러로 만들었다. 만약 계좌에 10만 달러가 있었다면 5년 만에 3000만 달러로 증가했을 것이다.

세파® 방법론^{SEPA® Methodology: Specific Entry Point Analysis®}(특정 진입 시점 분석 전략으로 마크 미너비니가 개발한 주식거래 전략—역주)이 잘 작동한다는 것을 보여 주기 위해 마크는 1997년에 본인 돈 25만 달러를 들고 미국투자챔피언십에 참가했다. 그는 높은 레버리지(부채—역주)를 이용하는 선물, 옵션 트레이더들에 대항해 롱-온리 포트폴리오(공매도 등 자산 가치가 떨어질 때 이익이 나는, 숏 포지션이 포함되지 않은 포트폴리오—역주) 전략으로, 그에게 가장 근접한 자산관리 매니저 수익률의 거의 두 배인 연간 155퍼센트의 수익을 올리며 우승했다.

『시장의 마법사들』에서 잭 슈웨거는 마크에 대해 "미너비니의 성과는 대경실색해도 모자라지 않을 정도이다. 대부분의 트레이더와 자산관리 매니저들은 미너비니가 최악의 해에 올린 수익률―128퍼센트―만으로도 그들의 최고 수익률이라며 아주 기뻐할 것이다"라고 평했다.

마크는 본인과 실시간으로 거래를 할 수 있는 스트리밍 플랫폼인 미너비니 프라이빗 액세스_{Minervini Private Access}를 통해 트레이딩 방법론을 교육하고 있다. 또한 2일짜리 주말 교육 프로그램인 라이브 마스터 트레이딩 프로그램 워크숍도 운영하고 있다. www.minervini.com에서 그에 대해 더 자세히 알아볼 수 있다.

데이비드 라이언

──────── 데이비드_{David Ryan}는 윌리엄 오닐_{William O'Neil}의 제자이자 윌리엄 오닐사_{William O'Neil Co}의 전 자산관리 매니저이다. 1982년에 대학을 졸업하고 오닐사에서 일을 시작한 지 4년 만에 가장 젊은 상무_{Vice President}로 임명되된 그는 기관 고객들의 주식 종목 선택과 자금 운용을 책임지는 오닐의 직속 보좌관이 되었다.

데이비드는 1985년부터 1987년까지 3년 연속 미국투자챔피언십에서 우승했다. 1985년에는 161퍼센트의 수익률을 올렸고, 1986년에도 그와 거의 동일한 160퍼센트의 수익률을 올렸다. 1987년에도 100퍼센트가 넘는 수익률을 기록하면서, 3년간 그의 총수익률은 1,379퍼센트였다.

데이비드는 뮤추얼펀드를 5년간 그리고 그가 설립한 헤지펀드인 러스틱

파트너스Rustic Partners를 15년간 성공적으로 운영했다. 그는 여전히 그의 개인 계좌를 운용하고 있다. 데이비드 역시 『시장의 마법사들』에 소개되었는데, 잭 슈웨거는 데이비드에 대해 이렇게 썼다. "내가 인터뷰한 거의 모든 트레이더가 트레이딩에 애정을 갖고 있지만 데이비드만큼 거리낌 없는 열정을 가진 사람은 없었다. 차트만 주어진다면 그는 벽장 속에서 일한다고 해도 만족할 것이다."

댄 쟁거

──────────── 댄Dan Zanger은 차트패턴닷컴chartpattern.com의 수석 기술적 분석 애널리스트이자 쟁거 리포트The Zanger Report 뉴스레터의 저자이다. 1990년대 후반에 그는 18개월 만에 1만 775달러를 (감사 재무제표 기준으로) 1800만 달러로 만들었다. 무려 16만 4,000퍼센트의 수익률이다.

수영장 설치 공사 일을 하던 댄은 2000년 12월, 《포춘》에 '나의 주식은 1만 퍼센트 상승했다!(My Stocks Are Up 10,000%!)'라는 제목으로 그의 주식 투자 성공기가 소개되면서 처음으로 명성을 얻었다. 25년간 그는 자투리 시간에 차트 연구에 진념했고, 마침내 차트 패턴을 이용해 모든 시장 조건에 대응하는 견고한 트레이딩 시스템을 개발하기에 이른다.

《월간 트레이더Trader Monthly》에서 댄은 '올해의 100대 트레이더'에 2년 연속 선정되었다. 《배론스Barron's》, 《포브스》, 《액티브 트레이더Active Trader》, 《트레이드 월드Traders World》 등의 간행지에도 실렸을 뿐만 아니라 다수의 라디오와 텔레비전 프로그램에도 객원으로 출연했다. 그는 잡지인 《주식과 상품의 기술적 분석Technical Analysis of Stocks & Commodities》과《주식, 선물, 옵션지SFO magazine - Stocks, Futures, Options magazine》에도 종종 기고하고 있다.《포춘》은 조종실 안의 비행사 같은 댄의 트레이딩 스타일을 '신시사이저에 둘러싸인 록 음악 키보디스트 같다'고 비유했다.

마크 릿치 2세

———————— 마크는 많은 사람이 알고 있는,『시장의 마법사들, 트레이딩판의 신God in the Pits』,『나의 트레이딩 바이블My Trading Bible』의 저자 마크 릿치Mark Ritchie의 아들이다. 릿치 2세는 투자의 세계에서 비교적 신참이지만 올스타로 구성된 모멘텀 마스터스 진용의 강력한 신규 멤버다. 그는 2010년 마크 미너비니의 세 자릿수 수익률 대회에서 6개월도 안 되어 100퍼센트의 수익을 거두었다. 이후 릿치의 계좌는 540퍼센트 상승했다. 그는 2014년 한 해에만 110퍼센트 수익률을 올렸다. 2010년 이후 그의 총수익률은 1,000퍼센트를 넘어섰다.

릿치 2세는 가족, 지인 그리고 본인의 자산을 통합해 RTM2 유한회사RTM2 LLC에서 운용하고 있다. 그는 일리노이 주립대학Illinois State University에서 철학 학위를 받았고, 현재 아내와 다섯 자녀와 함께 시카고 근교에 살고 있다.

MOMENTU

들어가며

1MASTER

여러분 모두 오랜 기간 트레이딩을 해 왔습니다. 여전히 처음 트레이더 생활을 시작했을 때와 동일한 차트 패턴을 사용하고, 같은 방법으로 트레이딩을 하고 있나요, 아니면 시대가 변함에 따라 트레이딩 스타일도 바뀌었나요?

미너비니　좀 더 다듬고 새로운 테크닉을 가미하기는 했지만 95퍼센트는 처음 그대로입니다. 수요 공급을 분석하는 진수가 바로 여기에 있죠. 세월이 흘러도 변하지 않는 고전적인 방법이라는 겁니다. 추가한 것은 풀백Pull Back(상승 추세에서 일시적으로 나타나는 주가 조정—역주) 설정인데, 단지 제가 새로운 풀백 매수 테크닉을 발전시켜 왔고 점점 더 잘하게 되었기에 추가했을 뿐입니다. 30년 동안 제 트레이딩에 대한 접근 방식은 실질적으로 바뀌지 않았습니다.

라이언　저는 제가 시작할 때 사용했던 것과 동일한 차트 패턴을 이용해 매수하고 있습니다. 트레이딩 스타일에 뉘앙스 정도의 미세한 변화는 몇 가지 있었습니다. 보통 매수는 브레이크 아웃Break Out(박스권에 있던 주가가 저항선 또는 지지선을 뚫음—역주)에 하고 있습니다만, 추세가 강한 주식들은 풀백에서도 매수합니다. 지금과 달리 트레이딩 초기에는 브레이크 아웃에서만 매수했습니다. 요즘은 브레이크 아웃이 나타난 후 풀백을 거친 후에 주가가 더 높게 올라가는 양상이 많이 보입니다.

쟁거   오늘날 시장에 나타나는 차트 패턴들은 100년 전에도 존재한 것들입니다. 앞으로 긴 시간이 흘러도 여전히 나타날 것을 의심하지 않습니다. 그러니까 답은 "예"입니다. 지금도 20년 전 방법 그대로 트레이딩을 하고 있고, 20년 후에도 "저는 같은 방법으로 트레이딩하고 있습니다"라고 말할 수 있을 겁니다. 달라진 점이라면 지금은 시장이 크게 하락하기 전에 팔아야 할 때를 5년 전에 비해 훨씬 더 잘 예측할 수 있게 되었다고 할까요?

릿치 2세   음… 저는 여기 다른 분들처럼 오랜 기간 트레이딩을 해 온 것이 아니기 때문에 트레이딩 방법의 본질적 변화를 논할 수는 없습니다. 하지만 차트를 보는 것과 동일하게 제 트레이딩을 성실하게 추적해 왔고 덕분에 트레이딩 추세를 잘 볼 수 있다고는 말할 수 있습니다. 확실히 말씀드릴 수 있는 것은 시장이 어떤 시기에 있느냐에 따라 다른 기술적 테마들이 나타난다는 겁니다. 한 예로, 최근에는 52주 신고가 또는 사상 최고가식의 브레이크 아웃 매수가 매우 어려워졌습니다. 다른 때라면 훨씬 쉬웠는데 말이죠. 이는 시장의 전체 주기에서 지금이 어느 단계에 있는지 그리고 브레이크 아웃이 얼마나 확실한지, 실패할 확률이 높은 타입의 것은 아닌지 등과 분명히 연관이 있습니다.

하루 일과가 어떻게 되나요?
시간이 흐르면서 일과도 바뀌었나요?

미너비니   트레이딩 테크닉과 마찬가지로 저의 일과도 비교적 그대로입니다. 준비 작업 대부분을 전날 밤에 마치기 때문에 시장이 열리면 어떤 주식에 관심을 둘지, 가격은 어느 선으로 할지 등은 이미 알고 있죠. 미 동부 시간 기준으로 오전 8시 30분이면 트레이딩 모니터 앞에 앉고, 실적 발표와 보유 종목에 영향을 미칠 만한 뉴스들을 찾아봅니다. 또한 개장 시간 전 선물거래를 눈여겨보고 개장 시 시장 움직임에 대한 아이디어를 얻습니다. 그러고 나서 보유 종목들에 대해 검토하고 스톱(역지정가—역주) 알람을 재조정합니다. 매수 대상 종목들에 대해서는 매수 목표가 근처로, 또 셀 스톱Sell Stop(현재 시장가보다 낮은 가격으로 걸어 놓는 매도 주문. 주가가 스톱 가격이 되는 순간 시장가 주문으로 처리된다—역주) 가격 가까이에도 음성 알람을 설정해 놓습니다.

모든 일은 계획해 놓은 대로만 처리합니다. 저는 돌발 상황을 싫어해서 최대한 많은 사항을 미리 고려해 깜깜이 거래 또는 방어 불가능한 상황은 피하고자 합니다. 감정을 배제하기 위해 거래 시간 이외의 시간에 준비 작업을 합니다. 실시간으로 거래가 진행될 때는 감정에 휘둘리기 쉽고, 미리 준비할수록 포화가 날아들 때 행동을 취하기가 더 쉬워지기 때문입니다. 제가 처음 트레이딩을 시작할 때와 지금 달라진 유일한 점은 30년 전에는 없었던 컴퓨터가 있다는 것입니다. 상상이 가실지 모르겠는데 예전에는 모눈종이에 차트를 그렸죠.

라이언 제 일과는 개장 1시간 전에 일어나는 것부터 시작합니다. 저는 서부에 살기 때문에 더 이상 일찍 일어나는 것은 무리예요. 일어나면 균형 잡힌 관점을 갖고자, 또 중요한 것에만 집중할 수 있도록 성경을 읽습니다. 그러고 나서 시장 관련 및 특정 종목 관련 뉴스를 훑어봅니다. 관심 종목 리스트와 관련한 알람은 이미 전날 장이 끝나고 준비해 놓은 상태입니다. 개장 후 첫 45분간은 대체로 의미 없는 움직임들이나 밤사이 뉴스에 대한 반응들이 나오는 시간이므로 별다른 것을 하지는 않습니다.

쟁거 제 일과는 25년 전이나 오늘이나 똑같습니다. CNBC(미국의 경제 전문 방송—역주) 채널을 무음으로 틀어 놓고 프리 마켓_{Pre Market}(정식 개장 전에 열리는 시장—역주) 시세표를 보면서 감을 잡습니다. 그러고 난 후 주식 선물을 살펴보고 커피를 내리고 모니터를 켭니다. 제가 15년 전에 만들어 놓은 IQXP.com의 '시장의 소리_{Sounds} _{of the Market}' 프로그램을 돌려, 호가창에 올라오는 주식이 무엇인지를 매도, 매수 호가가 뜰 때마다 울리는 벨 소리로 생생하게 듣습니다. 시장이 열리는 순간부터는 주가의 움직임을 파악합니다. 거래량이 없는 갭 상승이라면 금방 갭필될 것이고 소량의 거래량을 동반하며 나타난 갭 하락이라면 매수의 기회가 되죠. 상당한 거래량과 함께 발생한 갭 상승과 하락이라면 그 추세가 이어질 가능성이 있습니다.

릿치 2세 제 일과는 두 범주의 시간대로 나눌 수 있습니다. (1) 매 거래일 시장이 열리기 전과 닫은 후—각 두 시간 동안의 개장 전과 마감 후 시간—그리고 트레이딩 시간입니다. 개장 전과 마감 후 트레이딩은 경기 전 경기 영상을 미리 보는 것과 같습니다. 한때 미식축구 감독님 중 한 분이 항상 저에게 한 말이 있습니다. "네가 가진 열쇠들을 잘 읽고 알고 있어야 해. 그러면 경기가 네 눈앞에서 느리게 펼쳐질 거고, 너는 뒤에서 쫓지 않고 액션이 일어날 바로 그 자리에 먼저 가 있을 수가 있어." 개장 전과 마감 후 시간 일과에서 제가 얻는 바죠.

저는 시장이 열리기 전 무엇을 어느 곳에서 살지 이미 알고 있습니다. 저에게 갑작스러운 서프라이즈는 없고, 생각 없이 단지 행동만 취합니다. 아침이 되면 제가 보유한 모든 열려 있는 포지션을 확인하는 것부터 시작합니다. 그리고 트레이딩이 어디서 일어나고 있는지 또 미국 채권 선물은 어떻게 움직이는지를 확인하죠. 이어 관심 종목 리스트를 검토하고, 오늘 행동을 취할 만한 종목들에 대한 알람을 설정합니다. 저는 알람까지 설정한 그 리스트를 바탕으로 실제로 매수할지 여부를 결정하고, 매수를 결정했다면 몇 주를 살지도 계산해 놓습니다.

하루 종일 관심 종목 리스트에 올려놓은 주식뿐만 아니라 S&P 500과 미국 채권 선물까지 주시합니다. 별로 살 만한 것이 없는 바쁘지 않은 날이면 다른 차트를 보거나 관심이 가는 주제를 찾아보고 연구합니다. 저는 언제나 시장을 공부하는 평생 학습자이죠.

장이 끝나면 개별 종목 화면을 보통 200에서 500개 정도를 살펴보고, 이를 종합해서 관심 종목 리스트를 작성합니다. 그리고 이 리스트와 스크린을 함께 보며 행동을 취할 만한 아이디어가 있는지를 찾아봅니다. 또한 전일 거래 모두를 트레이딩 전략에 중점을 두고 기록합니다.

고빈도 거래에 대해서
어떻게 생각하나요?

미너비니 이런 식의 거래가 일어난다는 것이 말도 안 되고, 이 문제에 대해 더 심각하게 얘기가 오가야 한다고 생각합니다. 미국 시장은 더 공정한 장이 되어야 합니다. 고빈도 거래HFT, High Frequency Trading는 잘 못된 방향으로 흘러가고 있어요. 선매매 거래Front Running(공개되지 않은 정보를 이용해 앞으로 일어날 주가 변동을 미리 알고 하는 불법적인 선先 거래. 한 예로, 대량 매수 주문을 받은 브로커는 해당 종목의 가격이 올라갈 것을 예측해 대량 매수 건을 바로 처리하지 않고 미리 그 주식을 매입한 후 대량 매수를 처리함으로써 차익을 거둘 수 있다. 이 브로커의 행동은 가격에 영향을 미쳐 다른 투자자들에게 손해를 끼칠 수 있다—역주)가 가능하게 하는 구멍이 되고 있는 것이죠.

라이언 마음에 들지 않습니다. 이와 관련해서는 마크도 말했고, 2014년에 〈60분_60 Minutes〉(1968년부터 이어온 미국 CBS 방송사의 가장 오래된 탐사 보도 프로그램—역주)에서도 다룬 바가 있죠. 명백히 고빈도 거래는 선매매 거래이고 불법입니다. 시장에서 잡음, 허위 움직임 등도 많이 만들어 냅니다. 거래소들이 업틱 룰_Uptick Rule(직전 거래 가격 이상일 때에만 공매도를 허락하는 공매도 가격 제한 규정—역주)을 부활시키거나 시장 질서를 위해 전문 감독관을 선임한다 해도 저는 개의치 않습니다. 시장에 잡음이 계속되는데도 더 나은 실적이 나오거나 더 나은 실적에 대한 기대로 주가는 여전히 상승하고 있네요.

쟁거 2001년 고빈도 거래가 시장에 나타난 이래 장중에 급변동이 훨씬 많아졌는데, 저는 이런 급변동들이 우리로 하여금 주식을 더 많이 털어 내도록 하고자 설계되었다고 믿습니다. 거래 단위가 8분의 1에서 소수점으로 바뀌면서 스프레드_Spread(거래에서 매수와 매도 간 호가 차이—역주)가 굉장히 얇아졌고, 그에 따라 고빈도 거래가 강력한 힘을 갖게 되었습니다. 고빈도 거래의 알고리즘과 갈수록 세련되고 섬세하게 진화하고 있는 인공지능이 통합된다고 생각해 보세요. 어쩔 수 없이 우리 인간 트레이더들은 이를 받아들이고 적응해야 합니다.

장중에 나타나는 약세에 매수를 하고 3분 차트, 5분 차트 등 더 짧은 시간 차트를 이용하는 것을 생각해 볼 수 있습니다. 또 다른 대안으로 단단한 요건이 받쳐 주는 브레이크 아웃에서만 매수해서, 고빈도 거래의 수렁을 피해 가고 이 중 상승하는 것들은 몇 달간 보유하는 방법도 있고요. 그러면 고빈도 거래와 무관하게 트레이딩을 할 수 있습니다.

변동성 및 가격 급변동과 관련해서 마무리해 보자면, 전적으로 고빈도 거래만 탓할 수는 없습니다. 온라인 매매가 등장하면서 몇만 명의 개인 트레이더가 굉장히 높은 빈도로 사고팔면서 시장에 에너지와 민감도를 더 불러들였습니다. 1997년 10월에 시작한 E-mini 선물E-mini futures(거래 단위가 일반 선물거래보다 작은 온라인 거래 선물―역주)도 간과할 수 없죠. 저는 새로운 상품인 E-mini 계약으로부터 S&P 500에 연동된 선물에 손을 대 보고 싶어 하는 수천 명의 신규 개인 트레이더가 유입되었기 때문에 시장에서 격한 스윙들이 나타났다고 생각합니다. 온라인 트레이딩 플랫폼 덕분에 시장 접근성이 높아져 변동성이 증폭된 것은 뭐 말할 필요도 없죠.

릿치 2세 이 주제에 대해서는 강력히 피력할 의견을 많이 갖고 있습니다. 그중 첫 번째는 고빈도 거래가 제대로 정의된 적이 없어서 정의부터 내려야 한다는 것입니다. 제대로 정의되기 전까지는 충분한 정보에 근거한 이해 또는 토론을 할 수가 없습니다. 고빈도 거래를 반대하는 사람들 중 다수는 그들이 반대하는 것이 무엇인지조차 정의 내리지 못하고 있죠.

예를 들면 규모가 큰 한 주식거래소의 대표가 TV에 나와 그의 회사는 호가 매칭을 시장에 직접 데이터를 연결하는 방식으로 운영한다고 말한 적이 있습니다. 하지만 사실은 아니었어요(참고로 브로커는 호가 데이터를 직접 연결해서 자동 체결하는 대신 호가 매칭을 임의의 방식으로 운영할 수도 있다―역주). 이에 거래소 대변인들은 상황을 무마시키려 했습니다. 대표라는 사람이 거짓말을 했다거나 대표가 자신의 거래소에서 거래가 어떻게 처리되는지도 모르고 있었다는 거죠. 그러나 미디어와 규제 당국은 조사도 없이 넘어가 줬고 결국은 아무것도 하지 않았습니다.

즉 저는 고빈도 거래 세계에 합법적이긴 하지만 매우 비윤리적인 행태가 있다고 믿습니다. 문서로 꽤 잘 되어 있기도 하고요. 만약 트레이더들이 거래소 트레이딩 플로어Trading Floor에서 대면으로 거래하던 시절에 사무원 또는 러너Runner(과거 거래소에서 브로커 또는 트레이더들 사이를 지나다니며 트레이딩 전표를 배달하던 직원—역주)의 주문표를 보고 주문표의 호가보다 좋은 호가를 넣으려고 그를 앞질러 달려 나갔다면, 그 사람은 바닥에 내동댕이쳐지거나 벌금을 받거나 이보다 더한 상황을 겪었을 겁니다(다른 사람의 가격을 안 상태로 호가를 넣는 것이므로 비윤리적인 행위로 간주된다—역주).

마찬가지 예로, 대규모의 사고파는 주문을 계속 내면서 수요 공급을 조종하며 시장 가격을 좌지우지하려 할 때 "팔렸습니다"라고 플로어 트레이더가 외치며 주문이 체결되었다면, 그 순간 발을 빼며 가격을 조작하는 일은 할 수 없었다는 겁니다. 이건 여러분도 마찬가지입니다. "팔렸습니다"라고 외치자마자 돌아서며 "아, 거래 규모를 1,000개에서 10개로 바꿔야겠어"라고 할 수는 없었을 겁니다.

그런데 이 두 가지의 경우가 현재 많은 주식과 선물거래소에서 벌어지고 있습니다. 시장 가격은 공정하고 규칙적으로 정해져야 하는데 몇몇 거래소가 지금 하는 게임은 그렇지 않으며, 그들은 시장의 존재 이유 자체를 약화시키고 있습니다.

트레이딩 세계에 어떻게 처음 발을 들여놓게 되었나요? 어느 부분이 매력적이었나요? 무엇이 오랜 기간 이어 올 수 있도록 동기를 부여했나요?

미너비니 저는 가난하게 자랐고 부자가 되고 싶었습니다. 그래서 트레이딩에 관심을 가지게 되었습니다. 편견 없이 부자가 될 수 있는 궁극의 기회를 시장에서 봤습니다. 이곳은 저와 시장만 존재하니까요. 그리고 잘하면 부자가 될 수 있고요. 트레이딩 초기에는 돈보다는 도전 자체에 더 흥미가 있었습니다. 돈은 일종의 점수표 같은 것이었죠. 만약 여전히 트레이딩으로 부를 일궈 내지 못했다 해도 저는 오늘도 트레이딩을 하고 있었을 겁니다. 저는 투기적 매매라는 예술을 사랑합니다. 제가 벌어 놓은 것, 앞으로 벌 돈과 상관없이 트레이딩을 그만두는 것은 상상이 안 갑니다.

라이언 제가 초등학교를 들어갔을 때 아버지께서 저의 대학등록금을 위해 주식을 사기 시작했습니다. 저녁 식사 때 매수한 회사들에 대해 말씀하시곤 했죠.

저는 열세 살 때 처음으로 비트 오 허니Bit O'Honey와 청키 캔디 바Chunky Candy Bar를 만드는 와드 푸드Wards Foods라는 사탕 회사 주식을 샀습니다. 그때부터 왜 내 주식은 내려가고 다른 주식은 오르는지에 대해 생각하며 주식시장에 매료되어 버렸습니다. 엄청난 수익을 낼 두세 개의 주식을 몇 천 개의 회사 중에서 찾아내는 것이 저에게는 마치 보물찾기를 하는 것 같았어요.

쟁거   1970년대 중반에 어머니께서 UHF 수신으로 〈KWHY-TV〉라는 경제 방송을 보셨습니다. 이 방송은 텔레비전으로 시세표를 제공했는데, 어머니는 텔레비전 앞에 앉아서 《로스앤젤레스 타임스Los Angeles Times》를 읽고 하루 종일 경제 뉴스를 듣는 걸 즐기셨어요. 저는 학교에서 돌아오면 주식시세표가 화면에 지나가는 것을 보고, 기술적 분석을 하는 사람들이 주식과 상품에 대해 얘기하는 것을 듣곤 했습니다. 물론 대부분 무슨 말을 하는 건지 알아듣지는 못했죠. 다만 화면 아래쪽의 주식시세표에는 매료되었습니다. 하루는 갑자기 종목 코드 하나가 시세표를 장악했습니다. 해당 종목은 1달러 선에서 거래되고 있었고 저는 그때 사야 한다는 감이 왔습니다. 저는 베벌리힐스에 있는 케네디와 캐봇사Kennedy, Cabot & Co로 쏜살같이 달려가서 1,000달러로 주식거래 계좌를 열고, 요 싸구려 주식 1,000개를 샀습니다. 3, 4주쯤 후에 그 주식은 3달러 50센트가 되었습니다. 저는 주식을 팔았고 그때 이후로 주식에 푹 빠지게 되었습니다.

릿치 2세 저는 말하자면 트레이딩 가족 출신이라고 할 수 있습니다. 아버지와 삼촌들이 시카고에서 성공한 플로어 트레이더Floor Trader(거래소의 멤버로서 본인들의 계좌를 거래소 입회장에서 거래할 수 있는 트레이더—역주)셨으니까요. 하지만 저는 거래소 입회장에서 트레이딩을 해 본 적도 없고, 가족 대부분이 제가 트레이딩에 관심을 가졌을 때쯤에는 은퇴했거나 다른 일을 하고 있었습니다. 즉 저는 자라면서 트레이딩에 별다른 관심을 갖지는 않았습니다. 하지만 그럼에도 제게는 트레이딩 유전자가 있다고 말할 수 있을 겁니다.

학교를 졸업한 후에 저는 아버지 회사에서 일하셨던 트레이더들 중 한 분 밑에서 주문을 넣고 차트를 보는 등의 일을 했고 큰 재미를 느꼈습니다. 2년쯤 후에는 그분이 더 큰 규모로 자기 계정 거래를 하거나 펀드를 시작하려고 했는데, 그때 제게 일종의 트레이딩 보조 일자리를 제안했습니다. 저는 거기서 일하는 동안 그분의 계정으로 대신 트레이딩 하기도 하고, 제 고유 계정으로 트레이딩을 하기도 했습니다. 이즈음 무엇이 시장을 굴러가게 하는지, 또 좋은 트레이더는 어떻게 되는지에 대해 왕성한 호기심을 가졌습니다.

저는 저의 트레이딩 잠재력과 성과가 경지에 '도달했다'고 믿지 않습니다. 이와 같은 끊임없이 발전하고자 하는 제 욕구 더분에 계속해서 동기부여가 되고 있습니다.

바로 성공적인 트레이더가 되었나요,
아니면 힘든 시기를 거쳤나요?
꾸준히 수익을 낼 때까지
얼마나 오래 걸렸나요?

미너비니 처음에는 모든 종류의 실수를 해 봤습니다. 시행착오를 겪으며 중요한 교훈을 배우기까지 꽤 시간이 걸렸습니다. 한 6년은 최악의 결과가 나왔죠. 스스로에게 "자존심 따위는 치워 버려. 목표는 돈을 버는 거지, 내가 옳아야 하는 게 아니야"라고 마침내 말할 수 있게 되었을 때부터 수익을 내기 시작했습니다. 제 자존심은 옆에 잠시 밀어 두고, 저의 실수를 받아들이고, 손실을 줄이고, 이익을 지키고…. 그리고 나니 크고 또 꾸준한 수익이 나오기 시작했습니다.

라이언 막 대학교를 졸업하고 본격적으로 트레이딩을 시작했습니다. 저는 계좌를 두 배로 만들었다가 전부 잃고 빚을 지기도 했습니다.

저는 제가 한 모든 실수를 공부한 후 극단적으로 원칙을 따르기로 했고, 그 후 성공적으로 트레이딩을 할 수 있었습니다. 이 전체 과정이 2년 걸렸네요. 다른 모든 것과 마찬가지로 트레이딩을 잘 하기까지는 시간이 오래 걸리고, 요령을 터득하는 과정 중에는 실수도 많이 합니다. 트레이딩의 성공은 올바른 방법과 자금 운영, 실수를 받아들일 수 있는 매우 작은 자아 그리고 규율을 따르는 엄청난 단련에서 시작됩니다.

쟁거 주식에 진지하게 임하고자 결심하고는 1991년에 10만 달러를 마련하고, BMI로부터 실시간 호가를 받고, 라이브 와이어Live Wire로 차트를 분석하기 위해 지붕에 커다란 위성 수신 접시를 설치했습니다. 이 두 회사 모두 지금은 같은 형태로는 존재하지 않네요. 당시 걸프전이 막 시작했고 시장은 치솟았습니다. 저는 빠르게 10만 달러를 44만 달러로 만들었고, 제가 꿈에서도 상상하지 못했던 수준의 부자가 되는 길에 들어섰다고 생각했습니다. 하지만 시장 조정을 경험하기 전의 일이었죠. 44만 달러는 빠르게 22만 달러가 되었습니다.

이후 6년 동안 저는 22만 달러를 44만 달러로 돌려놓기 위해 노력했지만 이 주식, 저 주식으로 바꿀 때마다 계좌는 망가졌고, 결국 부지불식간에 파산하기에 이르렀습니다. 1997년 10월에는 시장이 폭락하는 바람에 225달러 융자까지 갖게 되었습니다.

더 이상 시장에 넣을 현금이 없어서 차 한 대를 팔았습니다. 차를 판 금액인 1만 1,000달러를 모두 주식 계좌에 넣었고, 융자금인 225달러를 갚고 나니 1만 775달러가 남더군요. 저에게 또 하나

남겨진 것이 있는데 바로 울화였습니다. 다시는 그 자식들에게 내 돈을 뺏기지 않겠다고 다짐했습니다. 믿음이라는 것이 또다시 저의 눈을 멀게 하거나 저의 트레이딩에 방해가 되게 하지 않겠다고 생각했습니다. '주식이 하루라도 심하게 불안정하면 바로 나온다'고도 다짐했습니다. 어떤 주식도 맹목적으로 신뢰하지 않으려 했고, 장중에 내가 읽을 수 있는 모든 것은 트레이딩을 성공에서 멀어지는 방향으로 끌고 가리라는 것도 알게 되었습니다.

어느 날 눈을 떠 보니 인터넷 버블이 일어났고, 그때부터는 쭉 전진했습니다. 저에게 있어서 큰 흐름을 바꾸어 놓은 것이 연속적으로 경험한 손실이었다는 점은 분명합니다. 그때 생각하고 거래하는 방식이 완전히 바뀌었거든요. 이후로 저는 "그 주식은 이렇다" 같은 얘기나 소문, 뉴스는 믿지 않았습니다. 제가 알아야 할 모든 것은 주식의 가격 반응과 거래량에 있습니다. 나머지는 철저히 소음에 불과합니다.

릿치 2세   당연히 처음부터 성공적이지는 않았습니다. 순진하게도 저는 제가 금방 성공하리라 생각했어요. 저는 좋은 아이디어를 몇 개 갖고 있어도 트레이딩에서 성공하려면 그 아이디어뿐만 아니라 저 자신을 더 다듬어야 한다는 사실을 빨리 깨달았습니다. 그만두고 싶다는 유혹이 없었다면 거짓말일 겁니다. 첫해에는 몇 번이나 그랬습니다. 정직하게 말씀드리면 제가 트레이더로서 어떤 경지에 도달했다거나 그래서 이 책에 포함될 만하다고 느끼지는 않습니다. 이 부분을 감안하고 들어 주세요. 첫해에는 위험 가중치 대비 이익도 손해도 나지 않았고, 그 이후부터는 매년 더 나은 성과를 거두었습니다. 2014년은 총수익과 위험 가중치 대비 수익 기준으로 저에게 최고의 해였습니다. 아무것도 알지 못하는 상태였다가 리스크에 대해서는 꽤 이해하는 수준이 되자 점차 저의 수익과 수입도 증가했습니다.

MOMENTUM MASTERS

대규모 투자자가 개인 투자자에 비해
유리한 점이 있나요?
게임이 조작되었다는 주장에 대해서
어떻게 답하겠어요?

미너비니 게임은 조작되지 않았습니다! 사실 큰 뮤추얼펀드나 헤지펀드 매
니저들에 비해 개인 투자자들이 유동성과 스피드 면에서 훨씬 유
리합니다. 대형 기관들은 크루즈선을 조종하고 작은 트레이더들
은 쾌속선의 조종타를 잡고 있다고 상상해 보세요. 누가 누구의
수를 더 능가할 것 같습니까?

게임이 조작되었다는 사람들은 시장수익률을 상회하는 수익을
내 보지 못했을 겁니다. 그래서 시장을 절대 이길 수 없다고 느끼
는 것이죠. 게임은 조작되지 않았습니다! 주식시장에서는 돈을 벌
것이냐, 변명을 늘어놓을 것이냐, 이 둘 중 하나만 선택할 수 있습
니다. 그러니 변명은 그만하고 돈을 벌기 시작해야죠. 그 시작은
내가 정말 원하면 시장을 이길 수 있다는 사실을 인정하는 것입니

다. 시장을 이길 수 있다는 것뿐만 아니라 내가 이길 수 있다는 것 그리고 크게 이길 수 있다는 것을 받아들여야 합니다.

라이언 큰 규모의 금융시장을 조작하려면 매우 많은 돈이 들 겁니다. 따라서 그저 저조한 실적에 대한 변명이고, 자포자기했다는 얘기밖에 안 되네요. 대형 기관들은 더 양질의 정보에 접근할 수 있다는 이점을 갖고 있습니다. 정보에 많은 돈을 치를 수도 있죠. 하지만 투자해야 할 자금 규모도 크기 때문에 드나들기가 쉽지 않습니다. 반면 개인 투자자는 기관 매수를 감지할 수 있는 눈만 갖춘다면 매수가 실행되기 전에 재빠르게 움직여 먼저 들어가 있을 수 있습니다.

쟁거 '규모'는 양날의 칼입니다. 작은 규모의 투자자들은 대규모 투자자들보다 훨씬 빨리 거래에 들어가고 나올 수 있습니다. 하지만 대규모 투자자들은 미디어를 손끝 하나로 조종하며 개미들을 털어 내기도 하죠. 띄우기와 거짓말은 큰손들이 좋아하는 도구입니다. 개미들은 너무 높은 가격에 들어가서 지푸라기 잡듯이 매달려 있거나 손실이 쌓이는 주식을 너무 오래 들고 가거나 가격이 내려간다는 이유로 그냥 삽니다. 가격이 부풀려졌는데도 소문에 삽니다. 큰손들은 이 모든 행동을 신중하게 설계하고 분위기를 조성합니다.

릿치 2세 우선 '조작'이라는 단어가 상당히 모호하고 오인될 수 있다고 말하고 싶네요. 제가 경험하고, 보고, 공부한 바에 따르면 현행 시장

구조와 시장 조성 상황에서는 대규모 투자자들을 포함해 거의 모든 트레이더가 불리한 위치에 있다고 할 수 있습니다.

일단 시장 조성자_{Market Maker}(거래소에서 매수, 매도 주문을 동시에 내면서 시장에서 거래가 성사되도록 유동성을 공급하는 주체—역주)들은 궁극적으로 시장의 방향을 이끌어 가지 못합니다. 단기 움직임이나 개별 거래들을 조종할 수도 있겠지만 시장이 움직이려 한다면 그 움직임을 이끄는 것은 큰 펀드와 기관들입니다. 큰 규모의 투자자들은 며칠 혹은 몇 주 동안 매수와 매도를 지속해야 합니다. 개인 트레이더들은 큰손들에 비해 훨씬 빨리 포지션에 들어가고 나올 수 있으므로 기관들보다 유리한 위치에 있습니다. 그러니까 시장 상황이 변할 때 개인 트레이더는 매우 빨리 방향을 전환할 수 있고, 이것은 제가 보기에 어마어마한 강점입니다.

직장이 있어서 종가 기준으로만 거래해야 하는 투자자도 성공한 트레이더가 될 수 있을까요?

미너비니   네. 그렇지만 거래를 일일이 살피면서 주문을 내는 것이 더 어려워질 겁니다. 그러니까 기계적인 스톱 가격을 정해야 할 거예요. 다행히 요즘 트레이딩 프로그램들은 매우 강력하고 여러 선택지를 제공하고 있습니다.

라이언   네. 하루 종일 스크린 앞에 앉아 움직임을 지켜보는 것이 재미있게 들릴 수 있는데, 사실 수익률을 갉아먹는 거예요. 제가 큰 수익을 거둔 때는 중장기로 보유했을 때였습니다. 저에게는 데이 트레이딩보다 중장기 트레이딩이 더 알맞았습니다. 이따금 10분 차트에 보이는 움직임이 무섭게 느껴지는데, 한 걸음 물러나 일간 차트나 주간 차트로 보면 이 움직임은 매우 사소하다는 걸 알게 됩니다. 짧은 시간대로 보는 바람에 좋은 포지션을 정리하고 나온 적이 너무 많습니다.

쟁거 요즘은 직업이 있음에도 트레이딩을 잘하는 분이 많습니다. 스마트폰 덕분에 새로운 세상이 펼쳐졌죠. 실시간으로 호가가 뜨는 것을 보며 거래할 수 없을 때 오히려 본인의 트레이딩 스타일에 적합한 주식을 선택적으로 찾을 수 있습니다. 그러고 보니 (실시간으로 호가와 뉴스를 제공했던 1983년 즈음에 나온 무선 기기인) 쿠오트랙Quotrek을 한 손에 잡고, 다른 한 손에는 트럭 핸들을 잡고 있던 때가 기억나는군요. 수영장 설치 일을 할 때였죠. 무슨 일이 있어도 트레이딩을 해야겠다는 결심을 하지 않았다면 지금의 저는 없었을 겁니다.

릿치 2세 성공이 위험 가중치 대비 시장수익률을 상회하는 것이라면 저는 그것이 가능할지에 대해 매우 의문이 듭니다. 긴 시간의 틀 속에서 수익을 낼 주식 몇 개를 뽑는 것을 의미한다면 가능할 수도 있겠네요. 몇 명만 가능하겠지만요.

장중에 컴퓨터 앞에 앉아 있을 수 없다면 포지션에 들어가고 나가는 것은 어떤 방법으로 하겠습니까?

미너비니 스톱 또는 브라켓 주문Bracket Order(손실을 제한하고 어느 정도의 이익을 보장하기 위해 사용하는 주문 방식. 두 개의 반대 주문을 동시에 넣는다. 한 예로, 매수할 때 높은 가격의 지정가 주문과 낮은 가격의 역지정가 주문을 함께 넣는 방식을 들 수 있다—역주)을 넣어 둘 수 있습니다. 요즘은 트레이딩 플랫폼에서 제공하는 알고리즘이 많아서 그 어느 때보다도 쉬워졌어요.

라이언 스톱이요. 저라면 매수와 매도 모두 스톱 가격을 전날 밤 설정할 겁니다. 그러면 시장에서 들려오는 잡음에 노출되지 않고 감정적이지 않은 좋은 결정을 내릴 수 있을 겁니다.

쟁거   스마트폰과 많은 증권 회사가 제공하는 주요 가격 화면 정도면 충분하다고 생각합니다. 거래량과 가격 정보를 신속하게 확인할 수 있죠. 차트도 누르면 바로 나올 거고요.

릿치 2세   음, 제 앞에 스크린이 없다면 저는 대부분의 경우 다소 긴 투자 기간을 설정해 놓고 거래해야 할 것 같습니다. 그리고 아주 큰 하락에 대비하기 위해 당일 하루짜리 스톱을 설정해 놓을 겁니다.

레버리지 효과를 위해
마진이나 옵션을 이용하나요?

미너비니 이제는 안 합니다. 트레이딩을 처음 시작했을 때는 마진을 썼습니다. 옵션도 초기에는 거래했는데 저에게 불리하게 작용하는 점이 더 많다고 느꼈습니다.

라이언 옵션은 거의 안 씁니다. 시간 가치 잠식_{Time Decay}(만기일이 가까워질수록 옵션의 가치가 줄어드는 것—역주)을 좋아하지 않기 때문입니다. 주식이 횡보할 때는 옵션의 시간 가치가 침식되고, 만기 때 옵션에는 아무 가치도 남지 않습니다. 저는 여러 투자 상품을 이용하기보다는 한 가지를 잘하는 것을 선호합니다. 마진은 시장의 변동성이 높지 않고 기분 좋게 올라가는 상향 추세가 보일 때, 심지어 그때조차도 제가 가진 모든 주식이 잘 되고 있을 때에만 사용합니다.

| 쟁거 | 가끔 마진을 사용합니다. 그리고 일 년에 한 번 정도, 콜 옵션을 쓸 만한 주식이 보일 때도 있겠죠. 그런데 두 경우 모두 적절한 주식을 선택하고 타이밍 또한 맞춰야 합니다. 그렇지 않으면 고통받기에 딱 좋죠. 저는 항상 제가 트레이딩을 그만두었을 때, 정확히 표현하자면 옵션으로 장난하는 걸 멈췄을 때 돈을 벌기 시작했다고 말합니다. 초보는 옵션을 사랑합니다. 그래서 그들은 영원히 초보에 머무를 수밖에 없습니다. |

| 릿치 2세 | 자금이 모두 투입된 상태에서 수익을 거두고 있을 때만 마진을 씁니다. 투자가 아주 잘 되고 있을 때, 해당 포지션의 수익으로 보유 주식 수를 늘리려고 할 때만 마진을 써요. 저는 전체 포트폴리오를 피라미딩Pyramiding(계획한 물량을 한꺼번에 거래하지 않고 예상한 방향대로 주가가 움직일 때마다 조금씩 계단식으로 포지션을 늘려 가는 트레이딩 방식. 매수 원가가 높아지는 것 같지만 장기적으로 손실을 더 잘 제어할 수 있는 방법이다—역주) 방법으로 늘립니다. 옵션도 기초 자산과 비교해서 리스크를 감안한 수익률이 더 높다고 예상되는 특별한 상황에서만 이용합니다. 유동성이 매우 높은 종목 또는 매우 급격한 움직임이 생길 가능성이 있는 상황에서만 옵션을 이용하는 거죠. |

최고 수준의 트레이딩을 하려면 타고난 재능이 있어야 하나요, 아니면 기술을 학습하는 것이 가능한가요? 학습 곡선은 얼마나 길게 잡아야 하나요?

미너비니 저는 트레이딩이 운동과 다를 바 없다고 생각합니다. 어떤 사람들은 유전적인 강점—근육량, 민첩성 등—을 갖고 있지요. 하지만 그것만으로는 궁극적인 결과를 이끌어 낼 수 없어요. 성공하지 못한 삶을 사는 천재들도 있고, 타고난 재능이 있어도 발전이 없는 운동선수들도 있습니다. 반면 서도 그랬지만, 약점을 갖고 시작하지만 높은 수준을 성취하는 사람들도 있어요.

학습 곡선에 대해서는 여러분을 기쁘게 할 만한 희소식이 있습니다. 인터넷, 소셜미디어 덕분에 예전과는 달리 어마어마하게 많은 정보를 접할 수 있게 되었습니다. 쓸데없는 소리를 잘 거르고 쭉정이와 알곡을 구별할 수 있다면, 올바른 트레이딩 방법을 배우는 데 들이는 시간을 상당히 압축해 줄 수 있는 매우 중요한 사람들을 접할 수 있습니다.

그렇다고 오해는 하지 맙시다. 실제 경험—억지로 만들어 낼 수는 없죠—을 대체할 수 있는 것은 아무것도 없을 뿐더러, 경험을 쌓는 데는 시간이 걸립니다. 트레이딩에 어느 정도 시간과 정성을 쏟느냐에 따라 다르겠지만 일반적으로 학습 곡선은 최소 5년까지 봐야 할 겁니다.

라이언   최고 수준의 트레이딩을 하려면 많은 것을 올바르고 정확하게 해야 합니다. 이를 위해 특정 성격도 갖춰야 하죠. 극단적으로 규칙을 따르고, 집중하고, 겸손하고, 배울 의지가 있어야 하고, 위험도 감수할 줄 알아야 합니다. 이 중 하나라도 부족해도 어느 정도 수익은 거둘 수 있겠지만 세 자릿수 수익률을 꾸준히 낼 수는 없을 겁니다.

필요한 기술은 대부분 배울 수 있지만 리스크를 떠안고 갈 용기가 부족하면, 주식이 매수 지점을 통과할 때 실제로 매수하기가 어렵겠죠. 혹은 자존심만 강하고, 내가 옳고 시장이 틀렸다는 생각을 한다면 아주 큰 손실이 기다리고 있을 겁니다. 학습 기간은 2년 정도 걸리고, 나쁜 버릇을 고쳐야 한다면 더 오래 걸릴 수도 있습니다. 보통은 많은 실수를 해야 하고, 그 실수에서 배워야 하고, 그러고 나서는 옳은 결정을 내릴 줄 알아야 합니다.

쟁거   타고난 능력이 필요한 부분도 있지만 그 부분을 제외하면 나머지는 학습의 영역입니다. 지난 18년 동안 제가 트레이딩 하는 모습을 20여 명의 친구와 지인에게 보여 줬는데, 그중 한 명이 다른 사람들에 비해 타고난 감각으로 제가 차트에서 무얼 보고 있는지 더 잘 이해하는 듯했고, 돌아가는 상황의 본질도 본능적으로 빨리 파악했습니다. 아쉽게도 그 사람은 아직 어리고 대학에 진학해야 해서 트레이딩의 기술을 완전히 정복할 시간과 자금이 없었습니다. 시간이 지나면 돌아올 수도 있을 것 같은데, 그러길 바랍니다. 그 여자분은 별 어려움 없이 쉽게 차트를 읽었거든요.

학습 곡선에 대해서 말하자면, 이건 얼마나 전념하는지에 따라 다릅니다. 매일 실시간 데이터로 시장을 보십니까, 아니면 하루에 시장을 몇 번 그냥 들여다보십니까? 굳이 숫자로 말하자면, 특출 난 트레이더가 되려면 최소 5년은 전문적으로 시간을 쏟고, 적어도 완전한 시장 주기를 한 번은 경험해야 할 겁니다.

릿치 2세 이 질문은 보는 관점에 따라 제 대답이 가장 잘 맞을 수도, 가장 틀릴 수도 있을 거예요. 말하자면 저는 천성 대 양육의 논쟁에서 사실 중간에 있습니다. 무엇을 노력하건 간에 타고난 적성이 중요하기는 하지만 필수적이지는 않다고 믿습니다. 적절한 동기부여, 의지와 훈련으로 어느 정도까지는 부족한 부분을 극복할 수 있습니다. 솔직히 제가 다른 사람보다 더 재능이 있거나 지능이 높다고 생각하지는 않지만, 저는 감사하게도 기억력이 좋고 규율을 지키는 것이 수월한 편입니다.

평균적인 사람이 적당한 수준까지 배우는 것은 분명 가능합니다. 하지만 "모든 사람이 최고 수준의 트레이딩을 수행할 수 있다"고 말한다면 이건 잘못된 거겠죠. 학습 시간과 관련해서는 "대부분의 사람은 자신들이 2년 안에 할 수 있는 것을 과대평가하고 10년

안에 할 수 있는 것은 과소평가한다"라는 토니 로빈스_{Tony Robbins}(미국의 저자, 사업가이자 강연가. 동기부여, 자기 계발 강의와 책으로 유명하다—역주)의 말로 대신하고 싶네요. 2년에서 10년 사이에 사람들은 성공하는 데 필요한 기술을 배우거나 포기할 겁니다.

적은 돈으로도 주식거래를 통해
부자가 될 수 있을까요?

미너비니   물론입니다! 대단한 기회가 지금도 있고 앞으로도 계속 있을 겁니다. 수수료도 낮고 정보 접근성도 좋아졌기 때문에 아주 평평한 운동장이 마련되었습니다. 주식 트레이더가 되기에 굉장히 좋은 시기입니다.

라이언   당연하죠. 오랜 기간 복리로 늘어나는 수익은 엄청난 힘을 갖고 있습니다. 하지만 한 해에 모든 이익을 다 낼 수는 없어요. 내가 가진 주식의 가치만 보지 말고 자신만의 트레이딩 방법을 정확히 실행하는 것이 핵심입니다. 열심히 공부하고, 실수에서 배우고, 엄격하게 스스로의 규칙을 지키면 이익은 자연스럽게 따라옵니다.

쟁거 당연하다고 생각할 뿐만 아니라 모든 신규 트레이더에게 많은 돈보다는 적은 돈으로 시작하라고 권할 겁니다. 트레이딩에 적절한 요건을 알아챌 수 있도록 타이밍과 솜씨를 연마하고, 본인의 트레이딩 규칙을 벗어나 행동하지 않을 단단한 정신력을 지닐 수 있다면 작은 계좌로 시작해도 상관없습니다. 소수의 트레이더만이 지닌 진정한 경쟁 우위를 갖게 될 테니까요. 특히 매일 밤 그리고 주말에 숙제하듯이 공부한다면 말이죠. 제 말이 사실이 아니라면 저는 이 자리에 없었을 겁니다.

릿치 2세 '부자'에 대한 정의에 따라 다를 겁니다. 저는 제가 부자라고 생각하지 않습니다. 하지만 비교적 작은 계좌를 꽤 잘 불려 왔고, 생계도 잘 이어 오고 있고, 리스크 대비 수익률도 아주 좋았습니다. 그런 면에서는, 예, 저는 매우 부자입니다. 하지만 아직 장기 목표에는 다다르지 못했습니다. 주식시장에서 자본을 늘릴 수 있다고 믿지 않았다면 지금 트레이딩을 하고 있지 않겠죠. 그러니까, 네, 물론 가능합니다.

MOMENTU

종목 선택

MASTER

01

MOMENTUM MASTERS

상승 잠재력이 큰 모멘텀 주식을 찾는
가장 좋은 방법은 무엇인가요?

미너비니 매수하기 전에 RPS~Relative Price Strength~(상대가격 강도. 일정 기간 동안 종목의 가격 변동폭을 시장의 변동폭과 비교한 후 종목의 가격 변동폭이 시장의 변동폭보다 크면 모멘텀이 있다고 본다―역주)가 높은 종목을 찾는데, 이때 알파~Alpha~(시장수익률을 상회하는 개별 종목의 초과 수익. 보통 S&P 500 같은 벤치마크 수익률과 비교한 개별 종목의 초과수익률―역주)는 높고 표준 편차(변동성을 측정하는 기준. 평균 가격에서 얼마나 벗어나 있는지를 본다―역주)는 낮아야 합니다. 상대강도~Relative Strength, RS~에 대해 제가 처음 읽은 책은 로버트 레비~Robert Levy~가 쓴 『상대강도라는 개념~The Relative Strength Concept~』입니다. 요즘은 상대강도로 종목을 걸러낼 수 있는 방법이 많이 있어요. 무료 서비스뿐만 아니라 유료로 구독할 수 있는 플랫폼도 있습니다.

라이언 저는 주가가 오른다는 이유로 사지는 않기 때문에 이 질문을 '성장주를 찾는 방법은 무엇인가'로 바꾸고 싶습니다. 먼저 시장에서 높은 수익률을 기록할 만큼의 기본 수익 구조를 갖춘 회사여야 하고, 시장에서 주가 실적도 좋아야 합니다. 제가 가장 많이 정보를 얻는 곳은 《마켓 스미스Market Smith》(주식 분석 자료 및 도구 제공 서비스-역주)이고 그다음은 《인베스터스 비즈니스 데일리Investor's Business Daily》(주식시장 뉴스 및 리서치 서비스-역주)입니다. 둘 다 좋은 성장주를 찾을 수 있도록 설계된 플랫폼입니다. 많은 종류의 화면과 리스트를 제공하기 때문에 좋은 주식을 찾을 수 있습니다.

쟁거 저에게는 가격 움직임이 전부입니다. 주가가 크게 움직이는 주식들을 저에게 보여 주시면 그중 제가 매수할 것을 골라내 드릴 수 있어요. 물론 저는 필요한 요건이 갖춰졌는지를 확인하며 은밀하게 움직일 겁니다. 거래 요건이 충족된다 해도 실제 매수에 들어가기까지 몇 달을 기다려야 할 수도 있습니다. 모멘텀 주식은 일시적으로 나타나므로, 타이밍이 어긋나면 그만큼 제게 불리한 방향으로 빠르게 전환될 수도 있다는 걸 명심해야 합니다.

반복해서 발견하는 초보 트레이더들의 실수가 있습니다. 그들은 하루에 10달러나 오른 주식을 사더라고요. 감정에 몰입해서 좋은 면만 눈에 보이고 그렇게 지금 들어가지 않으면 안 될 것 같은 조급함에 사로잡히는 거죠. 그들은 며칠 후면 주가가 달까지 치솟을 거라고 굳게 믿습니다. 하지만 몇 번 주가가 크게 역전되고 나면 이들은 사라지고 맙니다. 그리고는 이러한 자제력을 잃은 행동에 대한 책임을 느끼기보다는 오히려 시장이 잔인하다고 탓합니다.

릿치 2세 가장 좋은 상황이 가장 두려운 상황처럼 보일 때가 종종 있어요. 주가가 급격히 상승해서 비싸게 느껴지는 겁니다. 상대강도가 이런 상황의 주식을 찾아내는 데 도움을 줍니다. 강도가 셀수록 더 좋지요.

트레이딩을 고려하는
최소 거래량 기준이 있나요?

미너비니 네. 낮긴 하지만 있습니다. 하루에 10~30만 주 정도, 이따금 5만 주만 거래되는 주식도 매수합니다. 거래량이 얕게 쌓인 주식을 두려워하지 말고 이들을 포착하고 이용하세요. 큰 수익을 내는 주식 중 몇몇은 한 번도 못 들어 본 주식일 겁니다. 단 조심하고 안전하게 빠져나올 수 있는 크기의 포지션만 거래해야 합니다.

포지션을 조금이라도 보유한 것이 전혀 보유하지 않은 것보다 낫습니다. 특히 상승 잠재력이 아주 큰 주식이라면요. 하루 거래량이 5만 주인 주식이라면 일반적으로 거래하는 포지션의 크기를 거래량을 감안해 조절해야 합니다. 움직이지 않는 유동성 높은 주식을 많이 갖는 것보다 크게 움직일 가능성이 있는 작은 주식을 적게 보유하는 것이 낫습니다. 제가 크게 이익을 낸 거래는 대부분 비교적 작은 주식에서 나왔습니다.

라이언   하루 거래량이 최소 10만 주인 주식들만 거래합니다. 더 적은 종목은 거래하지 않습니다.

쟁거   하루 거래량이 최소 200만 주인 주식들만 거래하려 합니다. 시장 전체가 급하강하거나 투자 의견이 하락해서 추세가 꺾이면 10만 주나 그 이상 규모는 팔기 어려워집니다. 하루에 200~400만 주 거래되는 주식도 때때로 과도한 거래량이 나타나거나 유동성이 말라 버립니다.

안 좋은 뉴스가 뜨거나 투자 의견이 하향되면서 아무도 매수하려 하지 않을 때 저의 매도 주문이 주가를 더 끌어내리는 것만큼, 즉 제가 저 자신의 적이 되는 것만큼 최악의 상황은 없습니다. 현금화하려고 1,000주를 팔 때마다 50센트 혹은 1달러씩 가격을 떨어뜨릴 수도 있습니다.

2007년 9월 중순 바이두Baidu Inc를 샀을 때가 기억나네요. 단 3주 만에 주가가 212달러에서 360달러로 올랐습니다. 저는 6만 주를 보유했는데 가격이 360달러 선에서 움직일 때 증권사 한 곳에서 하향 투자 의견을 냈고, 장이 열리자마자 가격이 떨어지기 시작했어요. 저는 투자 의견 하향 정도면 10달러 하락에 그칠 거라 생각했는데 350달러 선이 빠르게 무너지고, 주가는 17달러 하락하고, 매수 수요도 전혀 보이지 않았습니다. "상황이 좋지 않군." 저는 혼잣말을 하고는 포지션을 빠르게 덜어 냈습니다. 포지션을 다 정리했을 때쯤 5달러가 더 떨어졌고, 장 마감 때는 무려 60달러나 하락했습니다! 저는 60달러까지 하락하기 전에 모두 팔아 치워서 천만다행이라고 생각했죠.

자, 기억하세요. 이 주식도 대규모 매도세가 나타나기 전에는 평소 일일 거래량이 200~300만 주였음에도 저는 심한 타격을 받았습니다. 이외에도 많은 대규모 매도세를 겪어 봤죠. 여기서 중요한 것은 해당 종목이 거래되는 일일 평균 거래량에 맞춰 거래 규모를 정해야 한다는 겁니다. 그래야 필요할 때 빨리 포지션을 털고 나올 수 있습니다.

릿치 2세   저는 보통 일일 거래량이 2만 5,000주 이상인 종목만 거래합니다.

다크 풀 때문에 거래량 분석이
달라진 적이 있나요?

미너비니 아니요. 장중에는 쏠림 현상이 있어 데이터 추정치에 영향은 미칠
수 있겠지만 어차피 종가에 다 반영되니까요. 제가 중점적으로 보
는 것은 바로 종가입니다.

라이언 제 생각에 거래량은 주식이 돌게 하는 혈액입니다. 거래량은 기본
적인 수요와 공급을 보여 주죠. 큰 움직임을 보이는 종목은 항상
거래량이 크게 증가하면서 힘을 받습니다. 윌리엄 오닐이 항상 말
했듯이 큰 거래량은 '옆집 이모'가 만드는 것이 아닙니다. 뮤추얼
펀드, 헤지펀드 등 큰 자금을 움직이는 기관 투자자들이 가격을
더 높게 띄우는 동력을 제공하는 거죠. 다크 풀_{Dark Pool}(대중의 접근
이 제한된 사적인 거래 시장. 블록 딜 등의 거래가 시장 가격에 충격을 주는

것을 방지하고자 만든 시장으로, 기관 투자자들끼리 중개인이 조성한 거래 풀에서 거래한다. 참고로 합법이다.—역주)과 무관하게, 큰 수익을 안겨 주는 종목의 거래량에서 나타나는 특징은 변하지 않았고 여전히 나타납니다. 거래량을 분석하지 않으면 기술적 분석의 큰 부분을 놓치게 됩니다.

쟁거   모멘텀 투자에서 거래량은 아기를 위한 모유나 마찬가지입니다. 주가 움직임에 없어서는 안 되는 필수인 셈이죠. 시간적으로 지체는 되겠지만 다크 풀 물량도 장 마감 때 거래량 계산에 포함됩니다. 다크 풀이 생기고 정착된 이래로 개인적으로 별다른 큰 영향은 보지 못했습니다.

릿치 2세   상황 분석에서 거래량이 중요한 역할을 합니다. 축적 단계Accumulation(물량이 쌓이며 가격이 올라가는 단계—역주)로 보이는 주식을 찾아내야 하기 때문에 종종 대규모 거래량과 함께 큰 상승이 일어나는 날뿐만 아니라 거래량이 줄어들며 매도가 일어나는 날도 찾아봅니다. 다크 풀은 분석할 때 영향을 많이 주는 요소는 아닙니다. 저는 거래량 움직임의 대략적인 추세를 찾고 있고, 보통 다크 풀이 관심을 두지 않는 중소 규모의 주식을 보기 때문입니다.

저가 매수 기술을 이용하나요?

미너비니 주가가 떨어질 때 바닥을 잡을 수 있는지를 물어보는 거라면 대답은 "아니요!"입니다. 저는 일반적인 풀백에서 벗어나 주가가 상승하려 할 때 피봇 포인트_{Pivot Point}(추세와 반전을 알아내기 위한 기술적 분석 지표. 장중 최고가, 최저가, 종가의 평균값이 전날보다 높으면 강세를 예상한다—역주)를 뚫고 올라가며, 종가가 강한 상승세를 보일 때에 한해 매수할 겁니다. 저는 떨어지는 칼을 절대 잡지 않습니다. 제 경험상 그럴 때는 항상 손실로 이어졌어요.

라이언 저는 신저가에 절대 매수하지 않습니다. 질문의 요지가 이거라면요.

쟁거　가끔 바닥에서 물고기를 몇 마리 건지긴 하지만 굉장히 드문 경우입니다. 과거 20년 동안 제가 보유한 주식 중 가장 큰 폭으로 움직이며 제 돈의 95퍼센트를 만들어 준 주식은 모두 매우 견고한 기반에서 신고가를 기록한 종목이었습니다.

릿치 2세　모멘텀을 보고 있을 때는 절대로 안 합니다. 선물에서 때때로 저가 매수 기술Bottom Fish이라고도 볼 수 있는 스캘핑Scalping(매우 적은 가격 변동에서 빠르게 사고팔며 이익을 실현하는 트레이딩 스타일—역주)을 하지만 이때도 가격과 보유 기간을 엄격하게 제한합니다.

가격 제한은 어떤가요?
저가 주식을 사시나요?
만약 그렇다면 고가의 종목을
거래할 때와 다르게 하나요?

미너비니   대부분 사람들이 큰 수익을 얻으려면 저가에 매수해야 한다고 생각합니다. 1달러 주식이 2달러로 오르는 것이 30달러짜리가 60달러 되는 것보다 쉽다고 생각하죠. 틀렸습니다! 1달러짜리가 0달러가 될 가능성이 더 큽니다. 역사적 사실에서 배워 봅시다. 큰 수익을 안기는 종목은 30달러 주변에서 주요 상승 움직임을 시작합니다.

사람들이 또 실수하는 것 중 하나가 종목 수를 많이 매집하는 것이 좋으니 저가 주식을 사야 한다고 생각하는 건데요. 완전히 그반대입니다! 저는 수량을 낮추려 합니다. 매도해야 할 물량이 많을수록 유동성에 문제가 생겨요. 저는 저가 주식보다는 20~30달러 대의 주식을 선호합니다. 저에게는 보통 12달러가 하한선이고,

보유 주식의 80퍼센트 이상이 30달러 이상입니다. 이 가격대는 되어야 기관 투자자들이 관심을 갖고 매수해서 지지가 형성됩니다. 2008년에는 약세 시장이 심화되었고 저가 주식이 많이 출현했습니다. 이때는 저도 일반적인 다른 때와 달리 저가 주식을 많이 거래했죠. 하지만 제가 저가 주식을 보유 종목 목록에 올리는 일은 드뭅니다. 만약 목록에 올린다면 이들은 고가 종목보다 더 큰 변동성을 갖고 있기 때문일 겁니다. 저는 언제나 위험 대비 가장 낮은 가격 포인트에 들어가려고 노력합니다.

라이언 저는 15달러 이하 주식은 거의 사지 않습니다. 좋은 프로필을 보유한 더 좋은 회사들은 보통 더 높은 가격에 거래됩니다. 만약 저가 주식을 거래할 경우에도 고가 주식과 같은 방식으로 합니다. 가격이 낮아도 달라질 것은 없어요.

쟁거 대부분 가격이 싼 것은 이유가 있다는 걸 알았습니다. 해당 종목들은 제가 찾고자 하는 특징들을 많이 갖고 있지 않습니다. 그리고 이런 이유도 있습니다. 100달러짜리 주식이 잘 다져진 베이스 구간에서 브레이크 아웃을 보인 후 상승하다가 실패하는 경우는 3달러 정도에 손실을 제한할 수 있지만, 10달러짜리 주식이라면 1달러만 움직여도 손실 10퍼센트를 초래합니다. 또한 고가의 주식은 보통 유동성이 높고 몇 주만 보유해도 주당 30~50달러라는 괜찮은 수익을 만들 수 있습니다.

저는 70달러 이하의 주식은 거의 사지 않는데, 최근에 2달러짜리 주식을 샀습니다. 2013년 11월에 작은 바이오테크 회사인 아이드

IDRA 일별 차트 —

4/17/14

평균 매도가 —

평균 매수가

©BigCharts.com

거래량 —

100만

13.06 13.07 13.08 13.09 13.10 13.11 13.12 14.01 14.02 14.03 14.04

라제약Idera Pharmaceuticals Inc, IDRA을 산 건데요. 2달러 20센트 정도에 45만 주를 넘게 샀는데, 2주 만에 가격이 6달러 60센트까지 갔다가 지지부진한 모양을 보였습니다(차트 2.1 참조). 가격 정체가 시작되었을 때 저는 조금씩 물량을 덜어 냈고, 다 팔았을 때쯤에는 순수익이 120퍼센트 정도였습니다.

이게 제가 기억하기로는 인터넷 거품 시대 이후 70달러 이하인 주식을 사서 거둔 유일한 성공 사례일 겁니다. 그때는 많은 주식이 70달러를 넘어 300달러 이상까지 갔지만, 저는 주로 40~60달러짜리 종목을 거래했습니다.

릿치 2세 모멘텀으로 거래할 때는 상대강도 상위 2, 3퍼센트 및 높은 유동성을 갖춘 종목들만 거래합니다. 이 회사들은 대체로 변동성이 크기 때문에 제 일반적인 포지션 크기에 비해 더 작은 포지션으로 들어갑니다.

개별 주식을 선정할 때 '상향식'으로 탐색하나요, 아니면 시장을 선도한다고 생각하는 그룹을 먼저 찾고 그룹 내에서 개별 종목을 고르시나요?

미너비니 30여 년 전, 트레이딩을 처음 시작했을 때 저는 하향식Top Down 투자자였습니다. 일반적인 시장부터 시작해서 최상위 그룹을 찾고, 그 그룹 안에서 마침내 주식을 찾는 방식이었죠. 그런데 상위 그룹이 강세장에서 잘나가고 있을 때 이미 좋은 주식들은 가격이 치솟은 뒤라는 걸 깨달았습니다. 저는 큰 움직임을 보이는 진정한 시장 주도주를 계속해서 놓치고 있었어요.

그래서 트레이딩 절차를 뒤집었더니 수익률이 극적으로 좋아졌습니다. 이 방법이 잘 통하는 이유는 주도 그룹이 문자 그대로 시장을 주도하기 때문입니다. 몇몇 시장 주도주는 조정이 와도 크게 영향을 받지 않습니다. 1990년 헬스케어Healthcare 섹터 주식들이 그런 경우입니다. 당시에는 별로 알려지지 않았던 소규모 회사인 암젠

Amgen, AGMN과 유에스써지컬US Surgical은 다소 심각한 시장 침체에도 불구하고 50일 이동평균을 약간 하회하는 수준에 그쳤습니다. 강세장이 돌아오자 이들은 굉장히 크게 상승했어요.

라이언 주로 상향식Bottom Up으로 접근하지만 때때로 움직임을 보이는 그룹이 포착되면 그중 최고의 종목을 선별하기 위해 그룹을 훑어봅니다. 주말에 선별 작업을 할 때면 가장 강한 신호가 있는 그룹부터 순서대로 정렬합니다. 보유한 주식이 전체 상위 25퍼센트 내에 있을 때 투자 결과가 가장 좋습니다.

쟁거 확실히 후자입니다. 그룹별 움직임을 찾고 집중할 그룹을 선택한 후 해당 그룹 내에서 주도주에 집중합니다. 일반적으로 이 방식으로 종목을 찾지만, 주도 그룹이 아닌 그룹의 종목을 많이 보유한 적도 있습니다. 사실 애매한 그룹에서 훌륭한 주식을 여럿 발견하기도 합니다.

릿치 2세 저는 우선 개별 주식부터 찾습니다. 눈에 띄는 종목이 있으면 목록에 추가하고, 이를 통해 전체 테마가 무엇인지, 어떤 그룹이 강세를 보이는지, 어떤 그룹이 사람들의 지지를 받는지를 확인합니다.

주도산업 그룹을
어떻게 찾나요?

미너비니   가장 좋은 실적을 내는 종목이 최고의 그룹으로 저를 인도합니다. 산업 그룹은 종목으로 구성되어 있죠. 그래서 저는 개별 종목에 초점을 맞춰요. 그룹 하나에 매력적으로 보이는 종목이 몇 개 없을 때도 있고, 많을 때도 있습니다. 한 예로, 반도체 산업은 많은 회사로 구성되어 있어요. 핵심은 그룹 내 선두 주자를 최대한 빨리 발견하는 겁니다. 그러려면 약세장 혹은 약세 그룹에서도 강세 종목을 구별해 낼 수 있는 안목이 필요합니다. 예를 들어, 나스닥이 200일선과 50일선을 밑돌고 있다면 200일선과 50일선보다 위에 있는 종목을 살펴볼 만합니다. 시장이 회복되면 그 종목들이 다음 주도주가 될 수 있어요.

라이언 저는 일주일에 몇 백 개의 주식을 살펴보며 주도 세력을 찾습니다. 일반적으로 개별 종목의 움직임이 좋으면 그룹 내 다른 종목도 함께 움직이거든요. 또 《인베스터스 비즈니스 데일리》와 《마켓스미스》에서 어떤 종목들이 주도하고 있는지 찾아봅니다. 제가 아는 한 이 잡지에서 발표하는 종목 순위에는 제가 오닐사 재직 중에 그룹 순위를 매기기 위해 개발한 가중치가 여전히 사용되고 있습니다.

쟁거 저는 AIQ 트레이딩 시스템AIQ Trading Systems의 차트 프로그램을 사용합니다. 이 프로그램에 움직임이 좋았던 주식과 지수를 정리해서 제법 방대한 목록인 '태그 목록'에 입력해 둡니다. 그리고 2, 3일마다 이 태그 목록을 한 종목 한 종목 스크롤하면서 종목 혹은 산업 그룹 중 어느 것이 잘 되고 있는지 또는 그렇지 못한지에 대한 감을 잡습니다.

이 수작업은 25년 동안 잘 작동해 왔습니다. 그런데 목록에 약 1,400개의 종목이 있다 보니 훑어보는 과정이 굉장히 노동집약적이더군요. 그럼에도 우리 일의 기초이자 기반입니다. 트레이딩을 위한 요건과 차트 패턴을 기능한 한 빨리 발견해야 합니다.

릿치 2세 저는 그룹을 검색하지는 않고 강세가 나타나는 종목을 검색한 다음 떠오르는 그룹이나 테마가 있는지를 봅니다.

공모주도 거래하나요?
거래 이력이 거의 없는 종목의 경우
모멘텀을 어떻게 정의합니까?

미너비니 전 공모주IPO의 거래 내역이 어느 정도 쌓일 때까지 기다립니다. 최소 3, 4주는 보는 것이 좋겠죠. 최근에 상장한 주식을 거래할 때는 보유 기간을 짧게 잡습니다. 단 몇 주 만에 장기 추세가 만들어질 수는 없으므로 차트, 가격, 거래량이 시간의 흐름에 따라 만들어 내는 움직임을 봅니다. 그리고 더 긴 시간 거래 데이터가 축적된 다른 종목에서 제가 중요하게 보는, 펀더멘털상의 특징이 보이는지를 동일하게 봅니다. 베이스가 견고하다면 주가가 베이스를 벗어날 때, 되도록이면 신고가를 갱신했을 때 삽니다.

라이언 저도 마찬가지입니다. 2주 정도는 거래한 신규 상장주를 살 겁니다. 신규 상장주를 살 때 최고의 기회는 시장 환경이 나빠서 아무도 신규 상장주에 관심을 두지 않을 때 생깁니다. 3개월 혹은 그 이상 베이스에서 다져진 신규 상장주의 주가는 시장 상황이 개선되기 시작할 때 새로운 고지대에 가장 먼저 진입하곤 합니다.

쟁거   어떤 때는 기업 공개를 하자마자 트레이딩이 빠르게 일어나는데, 일반적으로 며칠 혹은 일주일 정도는 괜찮게 흘러갑니다. 그러고 나서 몇 주 혹은 몇 달간 휴지기를 맞이하거나 베이스 다지기로 들어가는 거죠. 다른 모멘텀 주식과 마찬가지로 신규 상장주도 견고한 피봇 구간을 돌파하면 삽니다.

릿치 2세   공모주를 거래하지만 상장 당일은 거래하지 않습니다. 마크와 데이비드처럼 저도 최소 몇 주, 이상적으로는 몇 달간 거래가 일어나는 걸 보고 매수를 고려합니다. 일단 어느 정도 거래 가격 범위가 성립되면 제가 관심이 가는 일반적인 상황과 마찬가지로 처리합니다. 하지만 단어 그대로 신규로 상장되었기 때문에 아직 많은 기관 투자자들이 해당 종목을 주시하고 있거나 대규모로 보유하지는 않았을 겁니다. 잠재적인 큰 상승 기회를 생각해서 가중치를 많이 둘 수도 있습니다.

라지 캡 선택 기준이
스몰 캡 선택 기준과 다릅니까?
만약 그렇다면 어떻게 다른가요?

미너비니 라지 캡Large Cap(Large Capitalization의 줄임말. 시가총액 100억~2000억 달러 규모의 대기업 주식—역주) 주식은 이를 주시하고 보유한 투자자가 많기 때문에 '혼잡한 거래'가 될 가능성이 높아요. 관심이 뜨거워지고 모든 사람이 그들의 주식에 대해 얘기할 때는 더 그렇습니다. 결과적으로 가격 움직임이 규칙을 벗어나 무작위로 일어나는 경우가 많아서, 이런 주식들이 저가 밑으로 떨어지고 털어 내기 구간이 한 번 생길 때까지 그냥 봅니다. 시가총액이 아주 큰 주식들은 주로 조정 구간이 시작될 때 들어가려고 합니다. 라지 캡 주식을 사기에 가장 좋을 때는 약세장을 벗어나고 있을 때 혹은 조정이 한창 일어날 때예요. 스몰 캡Small Cap(Small Capitalization의 줄임말. 시가총액 2억 5000만~20억 달러 규모의 중소기업 주식—역주) 주식들은 신고가에 가까울 때 보통 거래하는데, 가격이 효율적으로 형성되지 않아서 굳이 '대중과의 싸움'에서 이기고자 저가에 매수할 필요가 없기 때문입니다.

라이언 시가총액이 아주 큰 회사들은 작은 회사들보다 성장률이 더 낮을 거라고 예상합니다. 숫자로 생각해 보면 간단합니다. 연 매출액이 조 단위인 회사는 2000억 달러인 회사에 비해 매출액을 두 배로 늘리는 것이 어려워요. 라지 캡 회사들은 더 높은 유동성을 갖고 있고, 들어가고 나오기가 쉽습니다. 하지만 작은 회사에 비해 가격 변동은 거의 보이지 않을 겁니다.

쟁거 라지 캡 주식은 일반적으로 제가 찾고 있는 성장률을 보여 주지 않기 때문에 웬만하면 보유하는 일은 없습니다.

제가 보유하고 거래했던 회사가 몇 개 있습니다. 회사 보유분을 제외한 발행 주식 수가 60억에 가깝지만, 여전히 30퍼센트 성장률을 보여 주는 애플_{Apple, APPL} 같은 회사들입니다. 제가 거래하는 대부분의 종목은 자사주를 제외한 발행 주식 수가 4000만~8억 개 범위의 회사들이며, 최근 움직임을 보이는 페이스북_{Facebook Inc., FB}(2021년 10월 28일부터 메타로 회사명을 바꾸었다—역주)이나 알리바바_{Alibaba, BABA}처럼 20억 개 정도인 회사도 몇 개 있습니다. 알리바바는 상장한 지 한 달 만에 굉장히 뜨거운 관심을 받았다가 이후 주가 폭락을 맞이했습니다. 다행히 저는 폭락 이전에 25달러의 이익을 실현했지만요.

릿치 2세 시가총액이 크면 클수록 저는 더 큰 할인율을 적용합니다. 가격 비효율성과 주식의 규모는 역의 관계일 가능성이 크기 때문입니다. 많은 애널리스트가 분석하고 트레이더 몇 천 명이 주시하는 종목은 본질적으로 가격의 비효율성에서 비롯되는, 짧은 시간에 거둘 수 있는 알파 수익을 찾을 확률이 매우 낮습니다. 특정 종목을 거래하면 안 된다거나 특정한 시기에 매수하지 말라는 건 아니지만, 일반적으로 알파를 노린다면 시가총액이 더 큰 주식은 할인을 적용해야 합니다.

주식에서 숏 포지션을 취하나요?
숏으로의 전환은 어떻게 결정하나요?
롱 포지션과 숏 포지션을 동시에
잡기도 하나요?

미너비니   롱Long(가격이 상승할 때 이익이 생기는 포지션—역주)과 숏Short(가격이 하락할 때 이익이 생기는 포지션—역주)을 동시에 거래하는 일은 거의 없습니다. 저는 롱 포지션이나 현금을 보유합니다. 약세장에서는 숏 포지션 위주로 거래합니다. 주가의 꼭대기가 형성되면서 주도주 가격이 깨지기 시작하면 숏 태세로 전환해서 공매도를 할 수도 있습니다. 만약 큰 규모의 돌파세가 보이면 거래량이 적은 상승 종목들에 대해 숏 포지션을 취하기도 합니다. 저는 매도세가 다시 형성되면서 하락 방향으로 거래량이 증가하기 시작할 때 포지션에 들어갑니다.

라이언   롱과 숏을 동시에 잡을 수 있는 장세가 매우 드뭅니다. 시장에서 어느 한 방향으로 추세가 보이면 그 방향에 기대야 합니다. 횡보장에서는 어떤 방향이건 트레이딩이 어렵습니다. 저는 대부분 롱 포지션에서 돈을 벌었고, 약세장에서는 벤치로 나가 쉴 때가 많았습니다.

쟁거 롱 포지션과 숏 포지션을 동시에 가져갈 수 없을 겁니다. 시장이 강세인데 왜 숏에 들어가나요? 숏 포지션으로는 강세장에서 절대로 이익을 낼 수 없습니다. 저는 주로 한순간에 주가의 방향이 반전되고 제대로 대응할 새도 없이 수익률이 뒤집힐 수 있는 변동성이 굉장히 큰 주식을 거래하기 때문에 숏 포지션에 들어가는 일은 거의 없습니다.

한창 때는 숏으로 아주 큰 성공을 거둔 적도 있다고 말씀드릴 수 있는데요. 전부 장기간 가파른 상승세 또는 상승 채널Channel(가격이 뚜렷한 두 평행 가격대 사이에서 상승과 하강을 반복하는 가격 구간—역주)을 형성하고, 동시에 기대에 못 미친 실적을 낸 주식에서 나왔습니다. 실제로 2004년에 실망스러운 실적을 발표했던 이베이eBay, EBAY 거래로 큰 이익을 냈습니다. 16만 주를 숏에 넣었고 주가는 10분도 안 되어서 20달러나 추락했습니다. 실적 발표 후 며칠간 계속해서 주가가 떨어졌고, 저는 이익을 확정하기 위해 커버Cover(공매도한 주식을 매수해서 숏 포지션을 닫는 행위—역주)에 들어갔습니다. 하지만 이런 식으로 공매도에 성공하는 것은 매우 어렵고 드뭅니다.

릿치 2세 롱보다 숏이 훨씬 어렵다는 걸 깨달았기 때문에 숏 거래는 훨씬 덜 하고 방법도 달리합니다. 시작 단계로, 사전에 아무런 기초(공매도의 대상인 주식—역주) 포지션을 갖고 있지 않다면, 개별 주식을 공매도로 고려하지는 않습니다. 저의 원칙상 이론적으로 무한 손실이 일어날 수 있는 거래는 하지 않기 때문입니다.

저는 옵션을 통해서만 그리고 리스크와 보상에 대해 쉽게 알고 가능성을 예측할 수 있을 때에만 숏 포지션에 들어갑니다. 시장 전체에 대해서도 같은 규칙을 적용하는데, 인덱스로 시장에 대해 숏 포지션을 취할 때도 옵션이나 때로는 선물을 통해서 거래합니다. 저는 큰 브레이크 아웃을 눈여겨보다가 숏에 들어가는 편입니다. 사람들이 말하는 '데드 캣 바운스Dead Cat Bounce'(약세장에서 추가 하락 이전에 짧게 나타나는 상승 움직임—역주)가 나타날 때 숏 거래에 들어갑니다. 신고가를 갱신해서 가격대가 형성되었을 때는 숏 포지션을 취하지 않을 겁니다. 제가 보기에 이건 단기간에 돈 잃을 준비를 하는 거나 마찬가지예요.

관심 종목 리스트에서 '선호' 종목을 거래하려고 다른 종목 거래는 보류한 채 선호하는 주식에서 매수 신호가 올 때까지 기다리는 경우가 있나요?

미너비니 저는 선호하는 종목은 갖지 않으려고 노력합니다. 감이 꽤 좋은 편이지만 제 자신의 의견은 신뢰하지 말아야 한다는 걸 깨달았어요. 결국은 제 의견이 틀리기 때문입니다. 특정 거래에 강한 믿음과 확신이 있으면 시장을 신뢰하고 내 생각을 분리하는 것이 어려워집니다. 다른 종목들이 횡보 구간을 돌파하고 있을 때 훨훨 날아오를 것 같은 종목을 기다리면 핵심 상승주를 놓치는 수가 있어요. 저는 저 자신의 의견이 아니라 시장의 안내를 따르고 싶습니다. 시장은 절대 틀리지 않아요. 하지만 제 의견은 종종 틀리죠.

라이언 아니요. 만약 다른 종목들이 제가 찾고자 하는 특징을 모두 보이며 매수 포인트를 뚫는다면 저는 바로 매수에 들어갑니다. 관심 목록에서 '선호 종목'들이 다시는 움직임을 보이지 않을 수도 있는데, 그러면 다른 상승 종목에 투입할 자금이 묶이게 됩니다.

쟁거 네. 종종 그러긴 하는데, '선호 종목'이 상승 움직임을 보이기 전에 베이스를 탈출하는 새로운 종목이 다음 대박 주식이 될 수도 있으니 항상 주의를 기울여야만 합니다. 저라면 '선호 종목'이 아닌 브레이크 아웃이 나타나는 새 주식을 거래하겠어요. 해당 종목이 시원하게 올라간다면 이 종목은 금방 저의 새로운 '선호 종목'이 될 겁니다. 그리고 제 예전 '선호 종목' 중 하나가 돌파세를 보이면 언제든지 새 주식의 포지션을 줄이고, 매도한 금액을 예전 선호 종목 매수에 쓸 겁니다.

릿치 2세 어… 조금 까다로운 개념이네요. 저는 판단을 흐릴 수 있어서 특정 종목을 선호하지 않으려 하거든요. 하지만 제가 사야 한다고 생각하는 주식은 얼마나 많이 매수해 놓았든 상관없이 살 겁니다. 선호 종목의 매수량을 이미 분배해 놓았는데 제가 보유하고 싶은 선호 종목이 아직 매수 요건을 충족하지 못했다면 선택을 해야겠죠. 그런데 시장이 저보다 더 영리하다고 생각하기 때문에 다른 주식이 제가 정한 매수 요건을 만족시켰다면 보통 매수를 보류하지는 않습니다. 그러니까 먼저 움직이는 주식을 거래할 겁니다.

MOMENTU

포지션 규모

1MASTERS

MOMENTUM MASTERS

보통 주식을 몇 개 보유하나요? 적은 수의 주식에 집중해야 한다고 생각하나요, 아니면 투자 대상을 다양하게 넓혀야 한다고 생각하나요?

미너비니　너무 다양한 주식을 사면 큰 수익을 꾸준히 거두기 어렵습니다. 이거 하나는 확실합니다. 시장 대비 커다란 수익을 낼 수 있는, 즉 상당한 우위에 있을 때 포지션 다양화는 오히려 투자 실적을 희석시킵니다. 저는 최대 25퍼센트까지 포지션에 집중하려고 합니다. 매수할 때 포지션은 25퍼센트가 아닐 수 있지만 확신을 가진 종목이라면 포지션 크기를 25퍼센트까지는 맞추려고 합니다.

25퍼센트라는 숫자는 그냥 제 머리에서 나온 것이 아닙니다. 수학적으로 따져 봤을 때 승률 2대 1의 트레이더에게 최적의 포지션이 25퍼센트입니다. 포지션 크기를 더 잘 결정하기 위해서 '최적 계수 $f_{Optimal\,f}$'(랄프 빈스$_{Ralph\,Vince}$가 발명한 투자금 분배 계산식의 계수 f. 총투자금 규모와 과거 거래 데이터를 바탕으로 최대 손실률과 승률 평균 등을 이용해 계산한다—역주) 또는 '켈리 공식Kelly formula'(수학자 존 캘리John Kelly 가 개발한 거래당 적정 투자자금 계산 공식. 기대 수익과 투자자의 위험회피 도, 과거 승률을 이용해 최적의 투자 규모를 계산한다. 게임, 투자에 두루 쓰 인다—역주)을 알아봐도 되고요.

물론 특정 종목의 비중이 많다면 이들 종목의 거래를 계속 집중 해서 살펴봐야 하고, 거래가 잘 안 풀리면 즉시 청산해야 합니다. 하지만 이것이 아주 큰 수익을 얻을 수 있는 방법이에요. 집중과 하방 움직임에 대한 관리, 이 두 가지로 여러분의 판단이 옳았을 때 큰돈을 벌 수 있을 겁니다.

라이언　　마크가 전적으로 맞아요! 주식시장에서 큰 수익을 거두려면 집중 해야 합니다. 저는 각 포지션을 10퍼센트 가중치로 시작합니다. 제 포트폴리오에는 10개 종목이 있어요. 보유 주식이 너무 많으면 면 밀하게 이들을 따라갈 수 없기 때문에 10개는 절대 초과하려 하 지 않습니다.

보유 주식 중 하나가 시원하게 상승하고 새로운 가격대에 안착한 후 다시 상승하기 시작하면 포지션을 더 늘립니다. 주가가 상승해 서 포시션이 13퍼센트 성도로 승가하면 5~7퍼센트를 추가로 매 수해서 18~20퍼센트로 포지션을 늘립니다. 여러분 아시겠죠? 주 가가 상승하는, 결과가 좋은 포지션만 추가하는 겁니다. 포지션 은 가격이 상승할 때와 신고가 안착 후 재상승함에 따라 추가로 매수할 때에만 커집니다. 마진을 이용하지 않고 싶다면 포트폴리 오에서 결과가 좋지 않은 주식을 줄이거나 전량 매도해야 할 겁 니다.

쟁거 시장에 따라 다릅니다. 강세장인지, 얼마나 오랫동안 강세장이 지속되었는지, 얼마나 광범위하게 강세가 확산되었는지 먼저 묻습니다. 특정 종목 하나가 크게 상승하며 주도하는 것이 아니라 전반적으로 상승세가 나타나는 매우 강력한 강세장이라면 22개까지도 종목을 늘릴 수 있어요. 몇몇 주식이 시장을 이끄는 좀 더 전형적인 시장 상황에서는 8개에서 10개 그리고 어떤 때는 5개에서 6개를 보유할 겁니다. 시장이 거칠게 떨어지며 마감하는 날이나 갭움직임이 온 사방에서 나타나는 매우 변덕스러운 상황에서는 두세 개 종목에 10~15퍼센트만 보유하거나 간혹 2014년처럼 시장이 극도로 변덕스러운 때는 포지션을 모두 정리하기도 합니다.

2006년에는 시장에 신고가가 나타났는데도 불구하고 장세가 굉장히 변덕스러워서 심하게 물렸어요. 신고가는 보증서가 아닙니다. 이런 게임 오버 상황에서는 신고가를 갱신하는 종목이 아무리 유혹해도 현혹되지 않고 모든 포지션을 정리하고 나오는 것이 방법입니다. 저는 단 몇 개 종목만 움직이는 시장에서는 트레이딩에 대한 확신을 갖지 못합니다.

신고가가 속출하고 또 상당수 종목이 신고가를 향해 가는 등 시장 전반에 걸쳐 강세가 보여야 합니다. 차트에서도 주가가 상승할 수 있는 기반이 공고히 형성되어 있을 뿐만 아니라, 강한 기반이 보이는 종목 중 상당수가 견고하게 성장하는 이익과 실적도 보여줘야 합니다. 이것이 시장 전체 그리고 궁극적으로 포트폴리오의 건강 상태를 보여 주는 결정적인 지표입니다.

릿치 2세 시장이 어느 정도 건강한지를 어떻게 인식하는지에 따라 적절한 보유 주식 수라는 것이 극적으로 달라질 수 있습니다. 방어적인 시기에는 포지션이 없습니다. 반대로 유용 가능한 마진을 모두 썼을 때는 20개까지도 될 수 있어요. 강세장의 주기에서 현재 어디쯤 있는지 그 판단에 따라서도 달라질 수 있지만, 이상적으로 저는 최대한 포지션을 집중하려고 합니다.

투자 대상을 넓히는 분산투자를 딱히 나쁘게 생각하지는 않지만, 시장 초과수익률을 추구하는 입장에서 분산이라는 문구는 다소 과대평가되었다고 생각합니다. 지속적으로 시장 초과수익률을 달성하는 유일한 방법은 시장수익률을 초과하는 종목에 집중하는 겁니다.

사실 트레이딩과 관련해서는 사람들이 일반적으로 받아들이는 지혜와 배움에 의문을 품어야 할 때가 있다고 주장하고 싶은데, 분산 개념도 마찬가지입니다. 우리는 몇 개의 종목에 집중하는 것이 더 위험하고, 여기저기 분산해 놓으면 안전하다고 여기죠. 5개와 50개 중 선택할 수 있다면 50개를 보유하는 것이 더 안전해 보일 겁니다. 하지만 포지션 50개를 보유한 사람이 어떻게 5개를 보유한 사람만큼 집중할 수 있겠어요?

종목 몇 개만 지켜본다면 무언가 잘못되고 있는 순간 이를 감지하고 대응할 수 있을 겁니다. 그리고 시장수익률을 초과하는 수익을 낼 수 있는 종목이 몇 개나 될까요? 본질적으로 더 많은 수의 주식을 들고 있으면 반드시 시장수익률을 하회하는 종목을 더 많은 비율로 갖게 됩니다. 어떤 시점에서는 진짜로 시장 초과 수익을 안겨 줄 수 있는 주식은 몇 퍼센트 되지 않기 때문입니다.

보통 한 거래당 위험노출 금액이
자본 대비 얼마인가요?

미너비니　보통 자본의 1.25퍼센트에서 2.50퍼센트 사이입니다. 예를 들면 5
퍼센트 스톱 가격으로 25퍼센트의 포지션을 갖고 있다면 제가 가
진 총자본의 1.25퍼센트가 리스크에 노출되겠죠.

라이언　거래당 최대 총자본의 1퍼센트가 위험에 노출됩니다. 자본금을
10개 포지션으로 나누거나 최초 매수하는 포지션에 10퍼센트 가
중치를 주는데요. 주식 하나에 최대 8퍼센트의 손실을 본다면 실
제로는 전체 대비 1퍼센트 미만의 손실에 해당합니다. 대부분은 8
퍼센트에서 손실을 끊습니다.

쟁거　저는 스톱 가격을 꽤 엄격하게 유지하기 때문에 거래 금액의 2, 3
퍼센트만 손실에 노출될 거예요. 물론 나쁜 뉴스가 나와서 엄청

난 갭 하락이 나오지 않는다면 말이죠. 저의 트레이드 인생에서 수도 없이 많이 겪었고, 하룻밤 새 포지션 하나당 10~15퍼센트 혹은 그 이상을 잃을 뻔한 적도 있었습니다.

전형적인 시장에서라면 거래 하나에 계좌의 최대 10퍼센트 투자금이 들어갑니다. 그러니까 다시 말해서 거래 하나당 총자본에서 1퍼센트보다 훨씬 낮은 20~30베이시스 포인트_{Basis Point}(1베이시스 포인트는 0.1퍼센트이다—역주)의 금액만큼만 리스크에 노출된다는 거죠. 종목이 매우 큰 순이익을 기록했는데 환상적인 거래량과 함께 브레이크 아웃이 나온다면, 25퍼센트까지 포지션을 키울 수도 있을 거예요.

릿치 2세   과거 몇 년을 보면 평균적으로 거래 하나당 리스크가 감소했는데, 보통 첫 매수에 리스크의 50bps 정도를 넣고 이후에 규모를 늘립니다.

자본을 다 쓴다면
보유 포지션이 몇 개쯤 될까요?

미너비니   12개 이상 되는 일은 드물고, 가장 좋은 종목 4~8개에 되도록 많은 자금을 넣으려 합니다.

라이언   제 포트폴리오에 있는 종목은 10개 혹은 그 이하일 겁니다. 저는 포트폴리오를 10개 부분으로 나누고, 초기 매수를 5퍼센트부터 시작합니다. 일찍부터 이익이 보이기 시작하는 종목은 포지션을 10퍼센트로 늘립니다. 그 이후 포트폴리오 내에서 포지션이 얼마나 커질지는 주식의 움직임에 따라 결정됩니다. 주식이 괜찮은 상승세를 보여서 포트폴리오의 비중이 15퍼센트로 늘어나고 이후에 새로운 베이스를 형성했다면, 브레이크 아웃이 나타날 때 20퍼센트로 비중을 높일 겁니다.

쟁거 어떤 시장인지, 얼마나 많은 종목과 산업이 좋은 움직임을 보이는 지에 달려 있습니다. 8개에서 25개까지 시장 상황에 따라 달라질 수 있어요.

릿치 2세 보통 4개에서 12개 사이입니다. 최근 거래에서 얼마나 자신감과 확신을 얻었는지뿐만 아니라 중기적인 관점으로 본 시장 주기에서 어느 단계—초기, 중기, 강세장의 말기 등—에 있는지에 따라 결정 되는 편입니다.

최대 포지션 규모는 어느 정도인가요?
한 주식에 계좌 전체를 넣은 적이 있나요?

미너비니 저의 최대치는 최적 비중인 25퍼센트입니다. 트레이딩을 처음 시작하거나 보수적인 투자자라면 10~12퍼센트(8~10개 종목)면 될 겁니다. 종목을 25개나 갖고 있을 필요도 없고, 포트폴리오 전체를 한 종목에 거는 일도 절대로 없어야 합니다. 정말 위험하거든요! 1990년대 초반에 위험에 빠질 뻔했다가 결과적으로 배움을 얻은 적이 있습니다. 주식 하나를 사려고 했는데―아마 퓨처 헬스케어 아메리카Future Healthcare of America인가 하는 주식이었을 거예요―결과적으로 사지 않았습니다. 해당 종목은 다음 날 아침 갭 하락이 나타났고, 가격이 80퍼센트 폭락하더군요. 바로 그때 절대 한 종목에 모든 걸 걸면 안 되겠구나 하고 깨달았습니다. 한 포지션에 25퍼센트만 있어도 매우 큰 수익을 거둘 수 있는, 충분히 집중된 포트폴리오인 겁니다. 재앙 수준의 사건이 발생하는 경우에도 손실을 만회할 수 있을 겁니다.

라이언　시장이 전체적으로 잘 흘러가고 제가 가진 대부분의 주식도 상승할 때는 포지션 하나의 비중이 25퍼센트까지도 될 수 있습니다. 즉 이는 어디까지나 주가 상승에 따른 결과로, 자연스럽게 한 종목의 포지션이 커졌기 때문입니다. 포지션을 25퍼센트로 시작하지는 않을 겁니다.

쟁거　단 한 번 올인All In을 한 적이 있는데, 가진 걸 거의 다 날릴 뻔했습니다. 보유 종목 중 한 종목의 주가가 금요일에는 27달러였는데, 《배론스》에서 회계 관행을 기준으로 그 회사가 완전히 사기라는 기사를 내자 월요일에는 주가가 6달러까지 떨어졌습니다. 해당 종목에 마진을 사용할 수 없었기에 망정이지, 하마터면 가진 걸 모두 파산 법정에 넘겨야 했을 겁니다.

반대의 경우도 있는데, 구글Google Inc, GOOG이 2005년 처음 상승세를 이어 가던 때 저는 구글을 굉장히 많이 들고 있었습니다. 제 계좌의 50퍼센트에 해당하는 정도였습니다. 저에게 굉장히 성공적인 거래였는데 단일 종목 하나에 그렇게 큰 투자를 한 것은 이때가 마지막입니다. 2002년에는 애플이 큰 상승세를 탄 적이 두 번 있는데 각 랠리에 저도 애플 포지션을 들고 있었지만 포트폴리오의 30퍼센트를 넘기지는 않았습니다.

보통 저는 훌륭한 실적을 보이며 견고하게 다져진 베이스를 뚫고 굉장히 강력한 움직임을 보이는 주식이라면 20퍼센트까지 매수합니다.

릿치 2세   저는 보통 한 주식에 25퍼센트 이상을 넣지 않지만, 한 회사에 50 퍼센트까지 크게 들어간 특별한 경우가 몇 번 있긴 합니다. 계좌를 다 털어 한 종목에 넣으라고 추천하지는 않을 거고, 저 또한 그렇게 해 본 적이 없어요. 이미 수익을 내고 있는 종목들의 포지션만 크게 유지하는데, 거래가 잘 될수록 포지션을 키웁니다.

일반적으로 거래하는 최소 포지션이
자본금 대비 몇 퍼센트인가요?

미너비니 일이 잘 풀리지 않고 반복적으로 스톱 가격에 도달하면 점진적으로 포지션 사이즈를 축소합니다. 이런 시나리오에는 최소 거래 규모랄 게 없죠. 하지만 보통 최소 5퍼센트로 시작하려고 합니다.

라이언 시장이 견고한 상승 추세에 있지 않으면 포지션을 5퍼센트 미만으로 시작합니다. 만약 거래가 성공적이라면 거기서 더 늘려 갑니다.

쟁거 음… 시장이 어렵고 변덕스러운 환경이라면 발은 걸쳐 놓기 위해서 1퍼센트만 들어갑니다. 시장에 손을 대고 있어야 상황이 호전될 때 감을 잡을 수 있거든요. 게임에 아무것도 걸어 놓지 않으면 막상 시장이 반전될 때 바닷가나 골프 코스에 가 있다가 움직임을 놓치기 마련입니다.

릿치 2세 제가 사고 싶어도 나온 물량이 적어서 많이 살 수 없는 경우도 있기 때문에 딱히 정한 최소 거래량은 없지만, 유동성을 기준으로 제가 생각하는 적정선만큼 포지션에 들어갑니다. 유동성이 문제가 되지 않는 종목의 경우 (대부분 종목들이 그렇죠) 6.25퍼센트보다 적게는 들어가지 않습니다.

거래별 포지션 사이즈를
위험노출 금액 기준으로 결정하나요,
아니면 일정 비율 기준인가요?

미너비니 어떤 때는 거래에 들어가면서 '이번 거래는 이 금액까지만 들어가 야지' 하고 생각합니다. 이럴 때를 제외하고는 대부분 비율로 정합 니다. 일반적으로 '물에 발만 담그는' 거래는 5~10퍼센트이고, 거 래가 잘 풀리면 포트폴리오의 25퍼센트를 최상위 종목 몇 개에 넣습니다.

라이언 저는 고정 비율로 투자합니다. 계좌 규모가 커져도 비율은 동일하 게 유지합니다.

쟁거 저는 새로 트레이딩에 들어갈 때마다 내일 당장 갭 하락이 나타 날 경우 감당할 수 있는 손실을 계산합니다. 거래를 시작하기 전에 손실을 관리하고 싶지, 거래 후에 관리를 하고 싶지는 않거든요. 잠재적 손실 금액이 편안한 수준이라고 판단되면 주식의 유동성을 따져 봅니다. 이는 주식이 갑작스럽게 하락할 때 얼마나 빨리 포지션에서 빠져나올 수 있는지와 직결되기 때문입니다. 그런 다음에만 비로소 중요한 최종 단계로 넘어갑니다.

글로벌 입지가 탄탄하고 실적이 좋은 우량 기업이라면 포트폴리오의 최대 20퍼센트까지 해당 종목에 투자할 수 있어요. 시장이 전반적으로 강하게 움직일 때는 종목별로 5~7퍼센트를 평균으로 보면 되지만, 아주 강력한 움직임이 있는 종목에는 더 많이 투자합니다. 최적의 포지션 크기를 결정하려면 시장에 대한 감이 좋아야 해요. 그런 본능적인 감은 세탁기를 몇 번 돌려 가며 주머니에서 잔돈이 나올 때마다 찾아내서 비우고, 비로소 깨끗하게 빨래를 해 본 경험이 있을 때에만 올 겁니다.

릿치 2세　저는 주식에 자본을 일정 비율로 할당하고 할당된 자본에 따라 주식 수를 결정합니다. 저는 지금까지 평균 손실이 얼마인지를 잘 알고 있으며, 개별 종목에서 감내할 수 있는 손실과 총포트폴리오에서 감당할 수 있는 손실액을 항상 머릿속에 넣고 있습니다. 유동성을 위한 준비금이 따로 필요하지 않은 경우라면, 일반적으로 최대 포지션에 대한 비율로 트레이드 규모를 정합니다. 한 예로, 25퍼센트가 가장 큰 포지션 크기인 경우 12.5퍼센트나 6.25퍼센트 단위로 거래를 늘려 갑니다.

연중 계좌 금액이 증가하면 포지션 크기를 같이 늘려 갑니까, 아니면 일 년 내내 동일한 크기로 거래당 위험노출 금액을 유지합니까?

미너비니 전체 계좌 대비 관리합니다. 하지만 초보 트레이더들에게는 계좌 가 25퍼센트 혹은 50퍼센트까지 성장할 때를 기다리라고 권하겠 습니다.

라이언 포지션 크기는 전체 계좌에 대한 백분율을 기준으로 결정합니다. 10만 달러이든 100만 달러이든 그 크기와 상관없이 포지션은 전 체 계좌의 10퍼센트로 시작합니다.

쟁거 좋은 질문입니다. 제가 수년간 고민했던 문제네요. 해가 지나고 시 간이 흘렀다고 거래 규모를 확대하지는 않으려고 합니다. 계좌가 성장하는 동안 시장도 상승하기 때문이죠. 예상 가능한 일이긴 하지만 시장은 결국 과도한 확장 국면에 접어들 가능성이 높아집니다. 결과적으로 조정에 취약해지고 포지션이 클수록 이에 따른 위험도 커져서 비용이 더 많이 발생할 수 있습니다.

릿치 2세 저는 이 문제를 계좌가 고점에서 하락한 후 다시 회복할 때까지의 하락폭을 기준으로 생각합니다. 투자가 성공적일 때는 공격적으로 포지션을 키우는 한편, 상황이 안 좋을 때는 포지션을 줄이기보다는 충분히 방어적으로 운영하려고 합니다. 구체적으로 과거의 트레이딩을 참고해서 일반적인 상황에서 계좌 잔고가 최고점 대비 보통 얼마의 비율로 떨어지는지를 구합니다. 하락폭이 어느선인지가 결정되면 그 선을 훨씬 초과하는 수익을 내지 않는 이상 포지션을 확대하지 않습니다.

대규모 포지션에 들어가기 위해서는
어떤 확신이 필요한가요?

미너비니 리스크가 낮을수록 더 큰 포지션을 편안하게 떠안을 수 있습니다. 리스크는 손절값이 얼마나 큰지 그리고 종목의 유동성이 얼마나 큰지에 따라 정의합니다. 저는 포커 게임의 패와 유사한 방식으로 트레이딩에 등급을 매겨요. 최상위 패인 에이스와 킹에는 가장 많은 관심을 쏟고, 세븐 페어에는 부분적인 관심만 줍니다. 또 성공적인 거래는 계속해서 쌓아 두고 싶기 때문에 큰 리스크는 피라미딩 방법으로 기존 이익이 있을 때 계단식으로 리스크를 추가합니다.

라이언 저는 제가 생각하는 상승주들이 가진 특징을 모두 보여 주는 회사를 찾는 데서 출발합니다. 다음으로, 해당 회사 주식이 매도 물량이 적은 상태에서 강한 상승세를 보이면 확신을 얻습니다. 최종적으로 전 종목에 걸쳐 고가가 형성되는 강세장이라면 더 큰 포지션을 취할 수 있는 자신감을 갖습니다.

쟁거   다년간의 트레이딩 경험이 도움이 됩니다. 강한 거래량과 엄청난 실적을 보이는 공격적인 종목을 찾아내는 것보다 더 좋은 방법은 없어요. 그리고 아주 미세한 단계까지 강세와 약세 차트 패턴을 읽어 내는 능력이 무엇보다 매번 거래에 확신을 갖는 데 도움이 됩니다.

브레이크 아웃을 뚫고 나가는 강력한 상승세의 주식이라도 조기에 문제가 생겨 약세형 차트 패턴을 보이며 경고 신호가 뜰 수 있습니다. 이럴 때는 아주 미세한 차트상의 움직임에 의한 신호일지라도 포지션의 30~50퍼센트는 바로 줄이거나 완전히 매도합니다. 20달러 상승한 후 포지션의 반을 정리했으면 20달러 이익은 실현한 거예요. 해당 종목이 계속 오르면 나머지 50퍼센트의 포지션에서 괜찮은 수익을 냅니다. 가격이 하락하면 처음 투자금의 50퍼센트에 대해 20달러의 수익을 확보한 것이고요. 여러분에게 차트를 잘 읽을 수 있는 능력이 있다면 이런 윈윈Win Win(협상에서 모든 대상자에게 이득이 발생하는 상황—역주) 시나리오만큼 자신감과 확신에 도움이 되는 것이 없습니다.

릿치 2세   성공적인 거래요. 마크 미너비니가 그를 따르는 사람들의 뇌리에 각인시키고자 한 것이기도 하죠. 저는 다행스럽게도 전문 트레이더로서의 삶에서 이 개념을 비교적 일찍 깨달았어요. 성공적으로 거래를 마친 후에 들어가는 것이 항상 훨씬 쉽습니다. 적어도 저는 그렇습니다. 그런 경우 이후 거래가 망가질 위험도 줄어들고요. 게다가 숙제도 잘 끝낸 데다가 예습까지 마쳤기 덕분에 거래할 때 생길 수 있는 감정도 없습니다.

거래에 들어가기 위해 필요한 '질적 요건'을 어떻게 평가하나요? 한 종목이 다른 종목에 비해 투자 가치가 높다면 이를 어떻게 수치화할 수 있나요? 아니면 모든 포지션 규모를 동일하게 유지하나요?

미너비니   동일하게 유지하려고 하지만 여러 이유로 항상 그렇게 되지는 않습니다. 우선 유동성과 변동성 문제가 있어요. 주식이 아주 작고 변동성이 크다면 큰 위험을 감수하지 않습니다. 다른 한 가지는 저의 트레이딩 리듬인데, 수익을 내는 거래를 어느 정도 만들어 놓지 못한 상황이라면 더 크게 거래할 만한 종목이더라도 보통 작게 들어갑니다. 형성된 거래 조건의 '질'은 가격과 거래량의 움직임 그리고 회사의 실적에 달려 있어요. 더 나은 종목일수록 가격 움직임이 강하고 매출과 순이익이 탄탄합니다.

라이언   40년간 수백만 개의 차트를 훑어보다 보니, 훌륭한 종목들은 움직임이 시작되기 전에 어떤 특징이 나타난다는 걸 알았습니다. 대칭적인 가격 움직임과 브레이크 아웃이 있기 1, 2주 전에 팽팽한 거래 구간이 함께 나타나면 포지션을 계획한 만큼 빠르게 모두 매수해도 된다는 자신감이 생깁니다. 여기에 강한 가격 움직임과 회사의 탄탄한 재무 상태가 동반되어야만 크게 성공할 거래임을 확신할 수 있습니다.

쟁거 단단하게 다져진 가격 기반과 함께 변동성도 주요 요인입니다. 가격 기반이 얼마나 길게 다져졌는지, 매우 높은 가격 선에서 길게 늘어진 국면의 것인지, 아니면 두 번째, 세 번째 나타나는 베이스인지 등이 다음으로 고려하는 사항입니다. 장중에 큰 폭으로 움직이는 주식이라면 제 돈을 투자할 만합니다. 견고한 베이스에서 더 멀리 움직일수록 거래에 더 많은 자금을 쏟을 겁니다. 이런 주식은 큰 움직임이 오고 있다는 신호를 이미 아주 많이 보여 줬을 가능성이 높습니다.

릿치 2세 당연히 모든 포지션을 동일한 크기로 가져가지는 않아요. 원칙적으로 자산군이나 전략을 막론하고 본인이 가장 확신하는 아이디어에 가상 큰 자금을 투여해야 한다고 믿습니다. 형성된 거래 조건의 질적인 면을 평가해서 수치화하는 건 예술 경지의 진정한 기술이고, 제가 항상 향상시키고 싶은 부분입니다.

저는 보통 먼저 기술적인 면을 본 다음 펀더멘털과 종목이 속한 그룹을 봅니다. 최상의 조건은 이 세 가지를 다 갖춘 거죠. 하지만 이때 가장 큰 포지션을 분배한다는 얘기는 아닙니다. 최근 트레이딩의 결과와 전반적인 포트폴리오의 위험노출 정도 그리고 유동

성에 따라 크게 달라지는데, 그 이유는 가끔 좋은 트레이딩 조건
이 큰 포지션을 할애할 수 없는 아주 작은 회사 주식에 형성되기
때문입니다. 이런 경우에는 필요하면 재빨리 빠져나오는 것이 무
엇보다 중요하기 때문에, 제가 편안하다고 느끼는 만큼만 포지션
을 취합니다.

MOMENTU

기술적 분석

1 MASTERS

관심 단계에서 실제 매수 단계로
어떻게 넘어갑니까?
매수 전에 구체적으로 가격, 거래량의
어떤 면을 보세요?

미너비니 가격 변동성이 축소되면서 거래량이 말라가고 매도가 없는 진공

상태를 찾아봅니다. 모멘텀 주식으로 큰돈을 빠르게 벌려면 가격

움직임이 가장 강한 지점을 알아차리고, 적절한 시점에 거래하는

방법을 배워야 합니다. 강한 추세를 보이는 주식을 찾은 다음에는

변동성 축소 패턴Volatility Contraction Pattern, VCP(마크 미너비니가 발견한 패

턴. 상승하던 주식이 저항을 만나면 가격이 횡보하는 통합 단계에 들어가며,

거래량이 줄어드는 2~6개의 구간이 형성된다—역주)을 확인합니다. 주식

이 피봇 포인트를 통과해 폭발적으로 상승할 잠재력을 가졌는지

를 판단하는 데 있어서 가장 좋은 방법입니다. 이와 관련한 거래

요건 및 트레이딩 방법에 대한 자세한 설명은 제 책 『초수익 성장

주 투자』의 '그림 한 장이 백 마디 설명보다 낫다'라는 장을 참고

하길 바랍니다.

라이언 저는 가장 안정적인 가격 움직임을 찾습니다. 마크처럼 저도 매수 전에 나타나는 가격 변동성을 좋아하지 않습니다. 종목이 움직임을 보이기 일주일 혹은 그 이전부터 조용하고 경색된 가격 움직임을 보여야 해요. 일반적인 경우보다 더 긴 시간 베이스가 형성된 후 나타나는 차트 패턴 가격 폭의 상반 구간에서 이런 안정성을 볼 수 있습니다.

쟁거 간단히 설명하면, 장중 가격 움직임이 전부입니다. 별다른 특이점이 없는 가격 움직임은 해당 종목의 수익률이 시장 평균 이하일 거라는 단서입니다. 경마 세계와 비유하면 세크리테리엇Secretariat, 어펌드Affirmed, 아메리칸 파로아American Pharoah 같은 순혈종의 경마를 찾는 거죠. 이런 경주마는 매우 드뭅니다(세크리테리엇은 1970년대 초반, 어펌드는 1970년대 후반, 아메리칸 파로아는 2010년대 중반에 독보적으로 활약한 미국의 유명 경주마다—역주). 그러니 매일 시장을 주시하면서 이런 대어를 골라내는 기술을 연마하고 조기에 잡는 방법을 배워야 할 겁니다.

릿치 2세 경험치를 얻으며 배운 법칙이 있습니다. 상승기 후 일정 구간을 횡보하는, 질서 있는 움직임을 만드는 주식을 찾아야 한다는 겁니다. 통합 구간Consolidation(비교적 좁은 구간을 횡보하며 추세가 형성되지 않는 구간. 보통 상승기 전에 나타난다-역주)에는 거래량이 많지 않은 것이 이상적이며, 평균 이하이면 더 좋습니다. 사실 매수 방아쇠를 당긴다는 건 내가 매수하고 싶은 종목을 이미 정해 둔 상태에서 특정 가격에 도달한 종목들 중 무엇을 선택하느냐의 문제입니다. 가격에 도달하지 않은 종목은 좀 더 지켜봅니다. 일반적으로 결정은 장이 시작되기 전에 내립니다.

장중 움직임이 아주 좋다면 위험을 추가하고 현재 보유한 종목이 잘 되고 있으면 포지션을 더 키우는데, 이 계획도 마찬가지로 장 마감 때까지의 가격 움직임에 따라 더 공격적이 될 수도 혹은 더 보수적이 될 수도 있습니다.

강세장에서 가격 움직임이 좋다면
펀더멘털이 좋지 않더라도 투자하나요?

미너비니 좋은 결과가 나오는 대부분의 트레이드는 펀더멘털과 기술적 요건과 강세장이 모두 맞물렸을 때 나옵니다. 그래서 건강한 시장 상황에서 견고한 펀더멘털과 기술적 분석상의 특징을 가진 회사에 초점을 맞추려 합니다. 하지만 인생이 계획한 대로 완벽하게 흘러가지는 않죠. 제가 '미지의 힘'이 생겼다고 보는 상황이 있는데, 가끔 시장에서 명백하게 드러나지 않고 투자자도 붐비지 않은 덕분에 위험 대비 수익이 좋은 경우가 생깁니다. 그러니까, 네, 저는 차트가 강하다면 회사 재무 상태와 실적이 떨어지는 주식이라도 거래할 겁니다.

제가 펀더멘털적인 사항들을 무시할 때는 대부분 해당 종목이 매우 높은 모멘텀에 있고, 차트에서도 엄청나게 큰 일이 벌어지고 있다는 것이 분명히 보일 때예요. 신약 발표, FDA_{U.S. Food and Drug} _{Administration} 승인 등 이벤트에 의해 촉발되어 거래가 발생하는 생명 기술주와 의료주에서 나타날 겁니다.

라이언 기술적 요건만으로도 매수할 수는 있겠지만 그런 매수는 1회짜리에 그치고 자주 하지도 않습니다. 회사의 재무 상태와 실적 그리고 기술적 분석 결과가 같은 방향으로 움직여야 합니다. 이 두 조건이 동시에 충족되면 몇 달 혹은 몇 년까지 주가가 강력한 지지를 받고 상승할 수 있습니다. 기술적 특징만 나타난 경우 상승이 지속되기 힘들기 때문에 실적도 곧 따라와야 합니다. 저는 데이트레이딩은 하지 않습니다. 주식이 상승세에 있는 한 계속 포지션을 유지하려고 합니다. 여러분이 아주 짧은 주기로 거래를 한다면 기술적 요건만 갖춰진 상황에서 트레이딩에 들어가도 될 겁니다.

쟁거 당연히 그럴 겁니다! 마크가 지적한 것처럼 일부 우수한 성장주들은 좋은 실적이 발표되기 훨씬 전부터 상승세를 탑니다. 퍼스트 솔라_{First Solar Inc., FSLR}가 2006년 말 24달러의 이익을 내지 못하는 상황에서 상장했는데, 견고한 실적이 나오기 전인 겨우 18개월 만에 주가가 300달러까지 치솟았습니다. 당시 놀라울 정도로 실적이 좋았는데, 300달러가 조금 넘었을 때 정점을 찍고 이후 40달러까지 하락하더군요. 항상 그런 것은 아니지만, 주가 움직임이 실적을 자주 선행하는데, 특히 강세장의 끝 무렵에 그렇습니다.

릿치 2세 저는 두 상황 모두에서 매수합니다. 재무적인 면도 좋아야 하지만 차트가 좋다고 생각되면 펀더멘털이 좋지 않아도 살 겁니다. 데이비드가 얘기한 점에 대해서 말씀드리자면, 제 주식은 트레이딩용입니다. 장기 투자가 아니에요.

펀더멘털은 안 좋은데 상대강도가 52주 최고치라면 시장 주도주라고 볼 수 있을까요? 높은 상대강도에는 상응하는 실적이 있어야 한다고 보는 사람도 있습니다

미너비니 음, 가격 주도주의 자격을 갖췄고 시장 평균 수익률을 상회하는 종목을 시장 주도주라고 하니, 정의대로라면 시장 주도주가 되겠네요. 시장 주도주는 가격 움직임, 이익, 매출 등의 관점으로 살펴볼 수 있을 겁니다. 저는 모든 면을 다 갖추기를 바라는데, 전에도 말씀드렸듯이 인생이 계획한 대로 흘러가지 않습니다.

시장 주도주를 교과서적으로 정의하면 시장 대비 그리고 경쟁 회사들 대비 좋은 가격 움직임을 나타내는 주식입니다. 회사가 이익을 낼 수도 있지만 아닐 수도 있죠. 하지만 역사적으로 보면 시장에서 크게 상승한 종목의 70퍼센트가 큰 움직임을 보이기 전에 좋은 실적을 냈습니다. 하지만 생명기술주를 거래한다면 이익을 내는 회사는 찾기 힘들 가능성이 높아요.

라이언 네. 가격만으로도 시장 주도주라고 볼 수 있습니다. 하지만 더 안정적인 주도주는 실적도 좋고 가격도 강세인 종목입니다.

쟁거 당연히 주도주 자격이 됩니다. 마크가 방금 말한 것처럼 생명기술주들은 어마어마한 가격 움직임을 보이지만 회사의 이익은 없죠. 대부분은 그래요.

많은 종목이 브레이크 아웃을 보여 주고 견고한 실적이 나오기 전에 상승할 겁니다. 몇 백 년 혹은 그 이상 관찰되었듯이, 시장은 긍정적인 뉴스가 나오기 6개월에서 9개월 전에 미리 상승하는데, 지금도 마찬가지입니다.

릿치 2세 물론이죠. 가격 강도 면에서 '주도'하는 주식은 주도주이고, 제 매수 관심 종목 리스트에도 올라갑니다.

종목이 상승세에 있을 때 매수를 고려하는 것으로 압니다. 상승세를 어떻게 정의하나요?

미너비니　파티장에 가장 먼저 들어가서 돌아다니고 싶나요? 아마 아닐 겁니다. 보통 분위기가 좀 뜰 때까지 앉아서 기다리고 싶을 겁니다. 사람들이 다 오기 전까지 분위기는 무르익지도 않을 거고요. 저는 주식거래 측면에서 파티장에 일등으로 도착하는 사람이 되고 싶지 않습니다. 주식에 관심이 모이면, 특히 대형 기관들이 관심을 보이면 좋겠거든요.

저는 '파티장'에 들어서기 전에 우선 파티가 정말 열리는지를 확인하고 싶습니다. 특히 200일 이동평균선이 떨어지고 있는 주식—200일선이 존재한다면—은 절대 롱 포지션을 취하지 않습니다. 회사의 실적과 재무 상황이 아무리 좋아 보여도 장기간 하향하는 주식은 매수를 고려하지 않을 겁니다. 장기간 하향세인 주식에 롱 포지션을 취하면 큰 수익을 낼 가능성이 심각하게 떨어지기 때문입니다. 가능성을 높이고 싶다면 가격이 상승하는 종목에 집중해야 합니다. 모멘텀 주식은 그 정의가 말해 주듯이 강한 상승세에 있어야 해요.

라이언 제가 사는 주식의 90퍼센트 정도는 상승세에 있습니다. 저는 상승세를 50일 이동평균선이 200일 이동평균선 위에 있고, 두 평균선 모두 상승하고 있을 때라고 정의합니다. 상승세를 좀 더 강력하게 정의해 보자면 20일 이동평균선이 50일 그리고 50일이 200일 이동평균선 위에 있을 때입니다. 저는 주로 IBD 상대강도IBD Relative Strength(《인베스터스 비즈니스 데일리》가 만들고 제공하는 상대강도 지표. 52주 가격 움직임을 타 주식과 비교해서 1~99점까지 점수로 표시—역주)가 80 이상인, 강한 상승세를 보이는 주식에 집중합니다.

가끔 상승으로 방향 전환이 일어날 때도 주식을 삽니다. 다만 주가 횡보가 최소 3개월에서 6개월 동안 지속되었고 상승세로 전환한, 하향세가 끝난 종목만 매수합니다. 룰루레몬Lululemon Athletica Inc., LULU이 2014년 12월 초에 신호를 보여 줘서 매수했는데, 6주 후에 40퍼센드 상승했습니다. 매수 당시 이 종목은 50일 및 200일 이동평균보다 높게 거래되고 있었어요. 50일 이동평균선이 상승하고 있었고, 200일선은 이미 평평한 상태였습니다.

쟁거 상승 곡선은 저에게 친구 같고 그래서 정말 좋아하지만, 저는 헤드 앤 숄더 패턴Head and Shoulder Pattern(세 봉우리 중 가운데 높은 봉우리와 양쪽의 비슷한 높이의 봉우리가 머리와 어깨처럼 보이는 가격 차트 패턴.

추세 전향을 알려 주는 안정적인 신호로 본다—역주)을 보이고 나서 올라 가는 주식을 사 왔습니다. 이런 패턴은 전 저점보다 더 낮은 저점, 전 고점보다 더 낮은 고점이 연속적으로 생기다가 멈추고 나서 나타납니다. 저에게 상승세를 탄 주식이란 전 고점보다 더 높은 고점, 전 저점보다 더 높은 저점을 연속적으로 만들며 계단식으로 상승하면서 층계 하나를 올라가기 전 충분히 단단하고 견고한 가격대를 다지는 주식입니다.

릿치 2세   네, 저는 이 법칙을 깬 적이 한 번도 없습니다. 50일, 150일, 200일 이동평균선 위에서 거래되는, 즉 장기 상승세에 있지 않으면 매수는 고려하지 않습니다.

스토캐스틱, MACD, ATR 등
이용하는 지표가 있나요?

미너비니 아니요. 가격, 거래량 그리고 데이터에서 잡음을 골라내고 추세를
더 잘 보기 위해 사용하는 이동평균선 몇 개와 순이익, 매출, 이익
률 등 회사의 펀더멘털만 봅니다. 다만 가장 중요한 건 본인한테
맞는 걸 사용하는 거겠죠. 스토캐스틱Stochastic(고점과 저점 사이 현
재 가격의 위치를 보여 주는 지표. 보통 직전 14거래일의 고점과 저점의 차
이에 대비한 현재 가격과 고점의 차이를 1~100 내에서 수치로 보여 준다. 가
격 모멘텀 측정, 추세 판단, 추세 전환 예측에 사용되며, 과매도 혹은 과매수
신호로도 이용한다―역주)이 본인에게 잘 맞는다거나 하늘에 별자리
를 보고 따라 했더니 잘 되었다면 좋은 겁니다! 그걸 자기 걸로 만
드세요. 그리고 최선의 노력을 들이세요. 세상에는 다양한 방법이
있기 마련입니다.

라이언   저는 스토캐스틱과 MACD_{Moving Average Convergence-Divergence}(단기지수 이동평균에서 장기지수 이동평균을 빼서 구한다. 보통 12일, 26일을 사용하고 9일 지수 이동평균선을 신호선으로 이용한다. 신호선 기준으로 교차, 수렴, 확산 정도에 따라 과매도, 과매수 상태를 판단하거나 추세 강도, 전환을 예측한다—역주)를 봅니다. 움직임의 강도에 대해서 추가적인 정보를 주거든요. 하지만 대체로 가격 움직임과 거래량 움직임의 조합 및 회사의 재무 정보 등 펀더멘털에 의존합니다. 문제를 복잡하게 만들고 싶지는 않거든요. 수많은 지표를 보다가 혼란스러워질 수 있어요. 단순해지세요.

쟁거   저는 트레이딩 전문 AIQ_{AIQ Trading Expert}의 SKSD(AIQ 소프트웨어에서 제공하는 지표. 소프트웨어 권한이 있어야 이용 가능하다—역주)를 가장 많이 씁니다. 24년 동안 사용해 왔기 때문에 편하고, MACD보다 훨씬 더 신뢰할 수 있습니다. ATR_{Average True Range}(일정 기간의 평균 가격 변동폭. 직전 보통 14거래일 동안 매일 고가와 저가, 고가와 전일 종가, 저가와 전일 종가 차이 중 가장 큰 값을 TR_{트레이딩 범위}이라고 하는데, TR의 평균 값이다. 변동성을 보여 준다—역주)은 사용해 본 적이 없어서 말씀드릴 게 없네요.

릿치 2세   ATR 수치가 단기 선물거래에서 도움이 된다는 건 알고 있습니다. 다만 저는 비교적 단기 거래에만 이용합니다. 최근 몇 세션 동안 시장의 가격 변동성이 어느 수준이었는지, 특히 빠르게 올라간 것인지를 알고 싶을 때 사용하거든요. 시장에서의 잡음, 즉 튀는 거래가 나타나는 가격 범위를 알고, 그 범위 밖에 스톱 가격을 설정

하려 할 때 주로 사용하는 것이 ATR입니다. MACD나 스토캐스
틱은 사용해 본 적이 없고요.

기술적 분석 측면에서 매수할 때
어떤 면을 가장 중요하게 봅니까?

미너비니　가격과 거래량 움직임뿐만 아니라 시장 대비, 또 같은 그룹의 타
　　　　종목 대비 개별 주식의 상대강도입니다. 최종적으로 시장이 어떤
　　　　점수를 주느냐가 중요해요. 재무 상태와 실적이 좋아도 가격과 거
　　　　래량 움직임이 형성되지 않으면 매수하지 않습니다.

라이언　개별 주식의 가격 패턴과 거래량이 저에게는 가장 중요한 지표입
　　　　니다. 우선적으로 찾아보고 또 매수 매도 결정을 내릴 때 가중치
　　　　를 가장 많이 두고 보는 것이 이 지표들이에요. 가격과 거래량의
　　　　관계가 주가 향방을 가장 잘 알려 줍니다.

쟁거　더 높은 고점과 저점을 계속 탈환하는 시장의 전반적인 상향 추

세가 가장 중요한 지표인데, 이건 제가 매수할 종목을 찾을 때도 마찬가지입니다. 그다음은 뚜렷하게 형성된 베이스와 강세를 보이는 종목 그룹이고요.

릿치 2세　저는 기술적 '지표'를 사용하지는 않아요. 가격과 거래량을 주로 보고, 다음으로 주식의 상대강도 등급을 봅니다.

모멘텀이 있는 종목에 들어갈 때
풀백과 브레이크 아웃 중
어느 지점에서 매수하나요?

미너비니   대부분 풀백 매수는 브레이크 아웃이 생기기 전, 주가가 기반을 다지고 있을 때 들어갑니다. 가끔은 예전 브레이크 아웃 선까지 주가가 후퇴하면 매수하기도 하고, 드물게는 브레이크 아웃이 나타난 후 50일선을 포함한 이동평균선까지 가격이 떨어졌을 때 사는데, 보통은 풀백이 일어나기 전에 들어가 있는 걸 바라죠. 저는 위험 대비 좋은 매수 기회가 생길 때마다 브레이크 아웃이건 풀백이건 상관없이 매수합니다. 현재 주기에서 나타나는 테마를 찾고, 테마 안에서 나타나는 경향을 파악해서 이용하려고 노력합니다. 각 거래에서 양질의 결정을 내리는 겁니다. 브레이크 아웃이건 풀백이건 너무 많은 위험을 질 필요는 없어요.

라이언 현재 시장에 따라 다릅니다. 변덕스러운 시장이라면 브레이크 아 웃은 실패하는 경향이 있고, 성공했다 해도 이후 주가가 잘 오르 지 않을 가능성이 높습니다. 이럴 때는 풀백에서 매수하는 경우 가 더 많습니다. 강하게 상승하는 시장에서는 브레이크 아웃 이후 상승세가 지속되는 경향이 있어서 풀백만 기다린다면 큰 움직임 을 놓쳐 버리게 됩니다.

쟁거 브레이크 아웃이 제일 좋고 큰 수익도 물론 여기서 나옵니다. 하 지만 처음 나타난 브레이크 아웃을 놓쳤다면 풀백에서 들어가는 수밖에 없죠. 이때 이용하는 것이 바로 10일 이동평균선 또는 차 선책인 5분이나 30분 같은 짧은 시간대의 차트입니다.

릿치 2세 저는 브레이크 아웃을 선호하는데, 여건이 좋을 때는 풀백이 많 이 일어나지 않기 때문입니다. 더 높은 가격을 치르는 한이 있어 도 저는 브레이크 아웃에 매수합니다. 그렇다고 풀백에 매수하지 않는다는 건 아닙니다. 다만 브레이크 아웃에 성공한 후 며칠 혹 은 몇 주 후 질서 있게 나타나는 풀백에서만 매수할 겁니다.

브레이크 아웃을
어떻게 정의합니까?

미너비니   음, 기술적인 브레이크 아웃은 주식이 이전에 시장이 결정했던 가격대보다 높은 데서 거래되는데, 보통 베이스 또는 횡보 구간을 벗어날 때를 말합니다. 전일 고점을 매수 포인트로 이용한다면 해당 고점이 브레이크 아웃이 되겠죠. 다만 여러분이 어떤 전략을 취하고 어떤 문턱을 넘는 것이 중요하다고 생각하는지에 따라 다를 겁니다.

라이언   브레이크 아웃은 주식이 베이스 또는 횡보 구간 위로 떠오르는 겁니다. 저는 베이스가 최소 4주 혹은 그 이상인 것을 좋아합니다. 주식이 이 구간을 돌파할 때 거래량은 25퍼센트 이상 늘어야 합니다. 100퍼센트 이상 증가한 거래량으로 시작하는 것이 최고의 움직임입니다.

쟁거 엄청난 거래량과 함께 베이스 구간의 피봇 포인트 영역에서 폭발하듯 올라가면서, 피봇 포인트로 다시 후퇴하지 않고 상승할 때입니다. 2, 3일 오르다가 일주일 정도 휴식기를 가진 뒤 거래량이 받쳐 주면 더 높이 상승할 겁니다. 브레이크 아웃 영역에서 우왕좌왕하는 종목들은 실패하거나 상승 잠재력이 약한 경향이 있습니다.

릿치 2세 브레이크 아웃은 가격이 어떤 것 위로 올라가는 것을 지칭합니다. 포괄적이죠. 그것이 추세선일 수도 있고, 전 고점 또는 다른 종류의 변곡점을 뚫는 돌파세일 수도 있어요. 이상적으로는 가격이 말씀드린 세 가지 모두를 뚫었을 때지만, 최소한 변곡점은 깨고 나오는 것이어야 합니다. 추가적으로 이익 또는 매출의 상승세가 일정 수준을 뚫고 상승하는, 펀더멘털상의 브레이크 아웃도 있습니다.

베이스 구간으로 되돌아가는
거짓 브레이크 아웃을 많이 겪었는데요.
매수 지점 가격에 10~20센트 정도
더 얹으면 거짓 브레이크 아웃에
말려들지 않을 수 있을까요?

미너비니　보통 저는 매수 지점 가격에서 몇 센트를 더 높여 사지는 않아요. 일반적인 경우라면 변곡점보다 5, 10 혹은 20센트 위에서 거래될 때까지 기다릴 겁니다. 화력을 최대로 높일 때는 이미 거래에서 수익이 나고 있고 모든 게 잘 돌아가고 있을 때뿐입니다. 그럴 때는 여유를 갖고 믿어 볼 수 있습니다. 이런 경우가 아니라면 보통은 기다렸다가 주가가 오르는 걸 확인하고 차라리 조금 더 높은 가격을 치릅니다. 하지만 이때조차 주가가 내려갈 수 있어요. 만능 열쇠는 없습니다.

주식을 매수했는데 주가가 하락하고 횡보하는 기간이 길어져도, 해당 종목을 나와야 하는 특별한 이유가 생기거나 더 매력적인 종목이 나타나지 않는 한 종목을 계속 보유합니다. 명심하세요.

모든 물량을 한 가격에 살 필요는 없어요. 저는 보통 분할 매수하고 해당 종목이 수익이 나기 시작하면 더 추가합니다. 거래의 섬세한 기술이 이럴 때 필요합니다.

라이언　아니요. 브레이크 아웃으로 생각한 바로 그 가격을 고수할 겁니다. 최근 브레이크 아웃들이 성공적이지 않았다면 더 작은 포지션으로 시작하고, 종가가 괜찮고 다음 날도 오른다면 빠르게 포지션을 추가합니다. 하루에 다 살 필요는 없잖아요. 상승세가 얼마나 강한지, 시장 상황은 어떤지를 보고 포지션을 조정합니다.

쟁거　시장이 급변하고 견고한 브레이크 아웃을 보이는 주식이 많지 않다면, 네, 저는 기준을 더 높여서 매수 물량을 줄일 겁니다. 포지션에 들어갈 때만큼 빨리 나와야 할 상황이 생길 수도 있으니까요.

릿치 2세　제 생각에 거짓 브레이크 아웃을 피할 수 있는 기술은 없어요. 브레이크 아웃을 기준으로 거래하면 이런 리스크는 내재해 있기 마련입니다. 브레이크 아웃은 종종 실패하죠. 가격을 조금 높게 걸어 놓는 것도 꼭 나쁜 생각은 아닙니다. 하지만 종목별로 매우 다를 거예요.

한 예로, 유동성이 높은 종목이라면 브레이크 아웃이 견고하다는 걸 확인할 때까지 기다릴 때가 훨씬 많습니다. 전 고점과 전 저점은 기술적으로 좀 뻔한 가격 포인트이기 때문에 다른 트레이더나 마켓 메이커 같은 시장 참여자들이 몰려 브레이크 아웃이 깨지는 경향이 있거든요.

이것이 트레이더라면 어느 정도 '웃돈'을 주고 살 준비를 해야 하는 이유입니다. 단어 그대로 최고의 거래라면 돈을 더 주고 사도 남는 것이 있어야 하니까요. 제대로 브레이크 아웃이 형성되었다면 웃돈을 주었음에도 쉽게 기회를 놓칠 수도 있습니다. 결국 가능한 모든 기술과 도구를 이용해서 진짜 브레이크 아웃이 아닌 것들을 걸러내는 게 브레이크 아웃으로 거래하는 트레이더의 일입니다.

주가가 횡보할 때 거래량이 많지 않은 상태에서 매수에 들어간 적이 있나요, 아니면 주가가 구간을 돌파할 때까지 기다리나요?

미너비니   일반적으로 돌파할 때까지 혹은 최소한 피봇 포인트에서 상승으로 방향을 전환할 때까지 기다립니다. 쓸 수 없는 돈을 깔고 앉아 있고 싶지는 않기 때문에 브레이크 아웃이 나오기 전에 들어가려 할 때조차도 항상 주가가 제가 원하는 방향으로 전환되었는지 확인합니다. 1~2센드 혹은 10센트 정도 싸게 들어간다고 딱히 얻는 것도 없을 겁니다. 굳이 그럴 이유가 없죠?

라이언   저는 횡보 구간을 뚫고 나올 때까지 기다립니다. 주식이 아직 베이스에 있다면 하향으로 전환할 리스크를 지게 됩니다. 횡보 구간을 나올 때까지 기다리는 것이 더 낫다고 생각해요. 일찍 매수하면 주가가 상승 방향으로 돌파할지 여부를 알 수 없습니다. 나쁜 뉴스가 나올 수도 있고 시장이 하향세로 바뀔 수도 있는데, 그러면 손실을 떠안아야 해요.

쟁거 90퍼센트는 브레이크 아웃을 기다립니다. 갑자기 투자 등급이 하향되어서 10~20달러 떨어지거나 기업이 발표한 이익 전망치가 낮아져서 얻어맞은 파리처럼 주가가 떨어지고 다시 반등하지 않을 수도 있습니다. 브레이크 아웃이 기름 탱크가 가득 찼다는—혹은 비었다는—신호를 보내 줄 '심판의 날'까지 기다리는 게 가장 좋아요. 움직이지 않는 주식에 왜 돈을 넣어 놓겠습니까? 무슨 일이 일어날지 생각하느라 괜한 노력 들이지 마시고 실제로 횡보 구간을 돌파한 주식을 사세요.

릿치 2세 통합 혹은 횡보 움직임이 풀릴 때에만 보유한 종목을 추가로 매수할 겁니다. 다시 한 번 말씀드리면, 저는 가격 움직임을 확인해야 합니다. 그래서 차라리 통합 구간을 뚫고 나올 때 추가로 매수할 겁니다. 둘 다 가능한 선택지이기 때문에 이 문제는 개인의 성격에 따라 달라진다고 생각합니다. 저도 가끔은 브레이크 아웃이 일어나기 전, 즉 통합 구간에서 가격이 오를 때 조금씩 삽니다. 브레이크 아웃이 나오면 추가적으로 매수하고요.

거래량이 적은데 계속해서 신고가를 갱신하는 주식은 어떻게 보십니까?

미너비니 수요가 빈곤한 겁니다. 하지만 주가 상승에 적은 거래량이 동반한 다는 이유로 팔지는 않을 겁니다. 빈혈기 있는 거래량으로도 때로 는 꽤 멀리 가거든요.

라이언 일반적으로는 기관이 사고팔아야 시장에서 해당 종목이 움직입 니다. 기관 거래는 큰 물량을 숨기기가 어렵기 때문이죠. 그래서 거래량이 늘어나면서 주가가 오르고 거래량이 줄면서 풀백이 오 는 게 좋습니다. 브레이크 아웃에서 신고가까지, 브레이크다운 Breakdown(주가가 지지선 밑으로 하락하는 현상. 일반적으로 계속된 하락을 예고한다—역주)에서 베이스까지 혹은 전 저점을 무력화하는 지점 등 핵심 구간에서 거래량이 어떻게 움직이는지를 집중해서 보는 것이 가장 중요합니다.

베이스를 뚫고 나올 때는 50일 평균 거래량의 몇 배가 되는 엄청난 거래량이 보여야 합니다. 그리고 최소 3일 동안 거래량이 계속 증가해야 합니다. 이것이 대형 기관들과 헤지펀드들이 사고 있다는 신호입니다. 거래량을 동반한 신고가가 하루 나타나고 더 이상 거래량이 따라 주지 않는다면 저는 트레이더들이 모여서 밀어 올린 가격이라고 해석합니다.

며칠 동안 신고가를 갱신하며 돌파세가 잘 나타났다면, 거래량은 평균 수준 혹은 그 이하로 떨어질 수 있습니다. 로켓이 발사될 때는 엄청난 양의 연료를 태우지만 궤도에 오르면 그만큼 많은 연료를 쓰지 않아도 고도를 높일 수 있는 것과 같아요.

쟁거   역사상 가장 수익률이 좋았던 주식들은 어마어마한 거래량을 동반하며 돌파했습니다. 보통 이런 강한 상승세가 나타나기 전 3, 4개월 동안에는 매수자가 소진됩니다. 자연스럽게 거래량이 적어진 상태에서 신고가를 갱신하는 거죠. 종목에 대해 아는 사람들이 이미 해당 종목에 많이 들어가 있는 경우입니다.

파티에 늦게 나타난 사람들은 얼마 없는 남은 주식을 사야 합니다. 이들은 3개월부터 8개월까지 계속되는 상승 국면에서 매수하려고 하죠. 이때 일찍 들어간 사람들은 이익을 실현할 준비를 마친 상황입니다. 이 단계에서는 매도가 빨리 진행되고, 파티장에 늦게 참여한 사람들은 먼저 들어온 세력들이 팔기 시작하면서 엄청난 타격을 입습니다.

릿치 2세　저는 주로 가격 움직임과 연계해서 거래량을 봅니다. 한 예로, 막대한 거래량과 함께 브레이크 아웃을 보였는데 미미하게 오른 신고가로 장을 마감했다면 신고가 가격대에 같은 규모의 매수자와 매도자가 있다는 뜻이기에 저는 이 브레이크 아웃을 의심할 겁니다. 하지만 거래량이 적은 상태로 신고가를 연속적으로 갱신하는 것은 저라면 들어갈 것 같지는 않지만, 나쁘지는 않습니다. 결국은 가격이 왕이거든요.

전일 거래 범위에서 시초가가 형성되었고, 매수 포인트를 돌파하고 상승했지만 마감 때는 평균이나 그 이하의 거래량을 보인다면, 주의 신호로 봐야 할까요?

미너비니 꼭 그렇지는 않습니다. 저는 적은 거래량으로 돌파했다고 해서 해당 종목을 팔지는 않을 겁니다. 때때로 거래량이 다음 날 혹은 며칠 뒤에 따라오기도 하거든요. 그런 경우는 거래량이 증가하는지를 지켜봐야죠. 하지만 브레이크 아웃이 적은 거래량과 함께 나타난 후 매도 물량이 쏟아져 나온다면 저는 아마도 매도하거나 최소한 포지션을 줄일 겁니다.

라이언 장 마감 시점의 거래량을 볼 때까지 결정을 보류할 겁니다. 이상적이라면 거래량이 나와야 하니까요. 거래량은 많을수록, 더 오래 지속될수록, 더 좋습니다.

쟁거	거래량이 주식을 움직이게 만듭니다. 그러니까 답은 "예"입니다. 브레이크 아웃이 나타난 날 거래량이 정상적인 거래량보다 적다면 저는 그냥 넘어가겠습니다.
릿치 2세	저는 아무것도 안 할 겁니다. 제 매수 포인트를 넘어선 주가가 미미하게 오르거나 거래량이 따라 주지 않는다면 저는 손을 딱 붙들어 매고 가만히 있는 것 외에 다른 걸 할 이유가 없습니다. 이 시점에는 가격 움직임이 불가지론자 같은 거죠. 확신을 주지도 부인을 하지도 않는 건데, 시장이 가끔 이렇게 움직이기도 합니다.

주가가 일찍부터 움직이는데
거래량에 대한 정보가 충분하지 않을 때는
어떤 방식으로 평가하나요?

미너비니 장중 거래량을 추산해 봅니다. 만약 지금 오전 10시 30분이고, 하루 거래량이 평균 50만 주인 주식이 벌써 17만 5,000주가 거래되었다면 그날 거래량은 거의 100만 주에 준한다고 보는 거죠. 이런 시나리오라면 저는 매수에 들어갈 겁니다. 그러고 나서 거래량이 증가했는지, 증가세가 지속되었는지를 마감 시세표를 통해 확인합니다.

라이언 베이스가 완벽하게 다져졌다면 작은 포지션으로 시작하고, 장 마감 때 거래량이 늘었는지 확인할 것 같습니다. 큰 규모의 거래량은 뮤추얼펀드와 헤지펀드도 매수한다는 신호이기 때문에 이 부분을 확인할 것 같습니다. 요즘은 브레이크 아웃이 하루만 나타나고 베이스로 돌아가는 주식이 너무도 많습니다.

쟁거 저는 과거 거래량 대비 현재 거래량 비율을 계산하는 도구를 보유하고 있습니다. 이 비율이 일반적인 경우보다 훨씬 높다면 들어갈 겁니다. 비율이 높을수록 들어가는 데 더 확신이 생기죠. 장 마감 때가 되면 거래량이 최근 거래량 대비 50퍼센트 혹은 그 이상이어야 하는데, 그렇지 않다면 제 트레이드에 의혹이 생기겠죠.

릿치 2세 장중 거래량에 대한 정확한 측정 방법은 없습니다. 괜찮은 추정치를 찾기 위해 현재 자료를 일정 비율로 확대해 보는 기본적인 산수를 해 볼 수는 있죠. 예를 들면 장 시작 후 한 시간 이내에 평균 하루 거래량의 50퍼센트가 거래되었다면 평균보다는 훨씬 많이 거래될 거라고 봐도 무방할 거예요. 하지만 거래량 흐름이 얼마나 꾸준할지는 알 수 없습니다. 그리고 항상 장 마감 때보다는 장 시작 때 거래량이 많습니다. 더 중요한 건 주식 매수세가 정직한지를 일찍 확인하는 거예요. 이른 시각에 나온 브레이크 아웃이라면 매도 물량이 나오는 족족 없어지는 상황을 확인해야 됩니다. 누군가가 매수 가능한 물량을 다 사들이고 있다는 의미거든요.

MOMENTUM MASTERS

브레이크 아웃이나 피봇 포인트에서 거래량이 많지 않아도 매수하고 거래량이 나중에 따라오는 걸 확인하나요?

미너비니 최종 거래량이 최소 요건을 충족할 것인지 여부를 항상 알 수는 없습니다. 산술적으로 계산해 볼 수는 있겠죠. 오전에는 거래량이 적었지만 오후에 급격하게 늘기도 하니까요. 저는 가격 움직임이 있을 때 먼저 매수하고 나중에 거래량을 확인합니다. 일이 원하는 대로 풀리지 않으면 언제든지 매도하면 되니까요.

라이언 다시 말씀드리지만, 펀더멘털 요건이 굉장히 좋고 베이스가 제대로 다져졌다면 작은 규모로 우선 매수할 겁니다. 나중에 거래량과 가격이 계속 증가하면 추가로 매수할 겁니다.

쟁거 거래량이 밀려 들어올 때 매수할 것이고, 장 마감 때도 거래량이 큰 비율로 상승해야 할 겁니다. 만약 후자가 실행되지 않으면 저는 빠져나올 겁니다. 아주 간단하죠. 거래량이 미량 수준인데 대량으로 매수, 매도할 일은 절대 없습니다.

릿치 2세 물론이죠. 특히 남들보다 일찍 종목에 들어가 있다면 종종 대규모 매수세를 찾아보기 힘들 거예요. 거래가 잘 풀리는지, 며칠간 거래량이 받쳐 주는지를 기꺼이 확인해 볼 겁니다.

장 마감 때 혹은 거래량이 확연히 드러나는 시점까지 기다리지 않고 매수하는 이유는 무엇인가요?

미너비니　움직임을 놓칠 수 있기 때문이죠. 장이 시작할 때는 느리게 움직이다가 주가가 어느 정도 오른 후에 페이스를 찾아가는 주식이 많습니다.

라이언　네, 마크가 맞습니다. 그럴 때 일어나는 일이 거래량이 매우 적은 상태로 주가가 매수 포인트를 지나는 겁니다. 장 마감에 다다를 때 혹은 다음 날까지도 거래량이 나올 수 있는데, 그때 즈음이면 상승이 너무 확장된 상태일 겁니다. 그래서 저는 매수는 하겠지만 적은 포지션으로 할 거고, 거래량이 더 들어오지 않으면 추가 매수는 하지 않을 겁니다.

쟁거   거래량이 일찍부터 밀려들고 주가가 매수 가격대를 지나가면 저는 들어갈 겁니다. 마감 때면 거래량이 확인될 거예요. 다만 장 마감 시간까지, 즉 거래량으로 진입 요건을 확인할 때까지 기다리면 주가는 매수 가격대를 훨씬 벗어나 10달러 더 높아질 수도 있거든요.

릿치 2세   저는 거래량이 확인될 때까지 기다리지 않습니다. 매수 후 거래량을 확인하고, 확인이 되면 추가 매수에 들어갑니다.

매수 후 거래량 유입이 멈추고 더 이상 오르지 않을 때 최대 매도 유예 기간을 정해 놓나요?

미너비니　주가가 오르고 있고 주식이 괜찮은 수익을 내고 있다면 거래량이 적어도 계속 보유할 겁니다. 하지만 면밀히 지켜보고 주가 움직임이 반전되면 빨리 팔고 나올 겁니다.

라이언　수익을 내는 종목이지만 제가 원하는 만큼 거래량을 보이지 않았다면 저는 스톱 가격을 손익분기점까지 올리고 조금 더 지켜볼 겁니다.

쟁거　가격 및 거래량 움직임과 관련해서 베이스에서 나오고 첫 이틀은 가장 중요한 시기입니다. 이 시기가 지났다면 저는 거래량이 줄어들면서 발생하는 가격 움직임에 따라 보유 여부를 결정합니다. 때문에 타임 스톱_{Time Stop}(거래에 일정 기한을 설정해 거래가 계획대로 움직이지 않을 때 자금이 비효율적으로 묶이는 것을 방지함—역주)처럼 미리 마음속에 정해 두는 건 없습니다.

릿치 2세 저는 가격이 왕이라고 생각하기 때문에 거래량이 해당 종목에 유입되지 않아도 가격이 버티고 있거나 상승한다면 거래를 이어 갈 겁니다.

브레이크 아웃이 나타난 날의
거래량에 대해 판단할 때
기준으로 삼는 평균 거래량 기간이나
일정 비율 같은 것이 있나요?

미너비니   저는 50일 평균 거래량을 무색하게 할 정도의 거래량을 보고 싶습니다. 어떤 사람은 50일 평균 거래량의 50퍼센트 이상 같은 기준을 쓰기도 하는데, 거래량은 많을수록 좋죠.

라이언   맞습니다. 거래량이 크게 들어올수록 좋아요. 최소 25퍼센트 거래량이 증가하는 것이 좋은데, 100~200퍼센트가 증가한다면 대형 기관들이 적극적으로 매수하고 있다는 걸 알려 주는 거라고 생각합니다.

쟁거   대부분의 트레이더가 따르는 법칙이 장 마감 때 거래량이 20일 혹은 30일 평균 거래량과 비교해 급증하는 주식을 찾으라는 거죠.

저는 20일 평균을 이용합니다.

랏치 2세   정해 놓은 규칙은 없지만 이상적으로 평균 거래량 이상이 좋겠죠.

브레이크 아웃이 나타난 후 얼마 되지 않아 풀백으로 돌아서거나 브레이크 아웃 구간 아래로 주가가 떨어질 때 어느 선까지 하락을 허용합니까?

미너비니   브레이크 아웃 영역으로 풀백이 일어나는 일은 꽤 흔하고 혹은 그 아래로 주가가 떨어지기도 합니다. 최고의 종목도 브레이크 아웃의 반 정도는 이런 일이 일어납니다. 물론 며칠 동안 주가 상승이 이어지면서 이익을 내는 가격 포인트에 곧장 다다르기를 바랍니다. 관문을 통과해서 강한 상승세를 보이는 주식들이 종종 가장 높은 수익을 안겨 주거든요. 하지만 주가가 초기에 설정한 스톱 가격으로 매도되지 않았다면 일반적으로 포지션을 유지합니다. 주가가 상당한 폭으로 오르면 스톱 가격을 손익분기점 가격으로 올리기도 합니다. 하지만 그 전까지는 제가 거래에서 성공했는지 여부가 판명될 때까지 기다립니다.

라이언 베이스로 엄청난 거래량과 함께 후퇴한 것이 아니라면 5~8퍼센트 손실까지는 감수할 겁니다. 브레이크 아웃이 나타나고 금방 풀백이 일어나는 것은 별로 좋아하지 않습니다. 강세를 나타내는 주식의 특징으로 볼 수 없거든요. 저는 최소 3일간 이어지는 강한 거래량과 함께 나타나는 브레이크 아웃을 찾고 싶습니다. 대형 기관들이 매수한다는 신호거든요.

쟁거 저는 매도합니다. 제가 이런 상황을 처리하는 방식이에요. 경마에서 이기고 있는 말은 출발 게이트가 열리면 절대 게이트로 돌아가지 않습니다. 큰 수익을 안겨 줄 우승 주식도 마찬가지입니다.

릿치 2세 브레이크 아웃 영역으로 풀백이 일어나는 것은 꽤나 정상적이어서 스톱 가격까지 떨어지지 않는 한 바로 해당 종목을 정리하지 않습니다. 주가는 브레이크 아웃 가격대에 자주 재진입하는데, 저는 이것을 일반적인 움직임으로 봅니다.

보통 거래 요건이나 차트 패턴을
몇 개 정도 설정합니까?

미너비니 6개나 8개 될 겁니다. 하지만 대부분은 기본 브레이크 아웃과 풀
백 매수 테크닉을 변형한 거예요. 제가 주로 보는 것은 VCP인데,
차트의 오른쪽으로 갈수록 변동성이 수축하는 패턴입니다.

라이언 저는 간단히 브레이크 아웃과 풀백 두 개로 단순화했습니다. 다
른 패턴들 때문에 헷갈리지 마세요. 컵 앤 핸들Cup and Handle(손잡이
가 있는 컵처럼 U 자형으로 가격 회복 후 고점에서 다시 15~20퍼센트 이내
의 더 작은 규모의 U 자형 하락이 일어나는 패턴. 상승 신호로 해석한다—역
주), 소서Saucer(잔 받침 패턴. 커피 잔, 찻잔의 받침처럼 저점이 낮은 넓은 U
자형 패턴. 상승 신호로 해석한다—역주), W 패턴(W 자처럼 저점이 두 번
나타나는 패턴. 두 저점이 지지선을 형성한다고 해석되며 상승 전환 신호로

해석한다—역주) 같은 패턴은 찾아보지 않아도 됩니다. 대부분 물량이 거래되고 있는 꼭대기에 선 하나만 그으면 됩니다. 그리고 주가가 그 선을 뚫고 움직이면 매수하세요. 아주 단순합니다. 신고점을 형성하기 전에는 매우 단단한 가격 패턴이 나와야 합니다. 풀백에 매수하는 것이 조금 복잡하고 어렵지만 주도주를 타고 멀리갈 수 있는 진입점이 됩니다.

쟁거   음, 세어 본 적은 없지만 8개 정도 되는 것 같아요. 플랫 채널Flat Channel(평행한 지지선과 저항선이 보이는 좁은 횡보 구간—역주)이나 불플래그Bull Flag(급격한 상승 후 따라오는 횡보 구간이 만드는 깃대와 깃발 같은 모양의 패턴—역주)를 주로 쓰고 컵 앤 핸들도 종종 씁니다. 하강 채널(평행한 지지선과 저항선이 아래로 기울어져 하향세를 보여 주는 패턴—역주)도 맞을 때가 많지만 브레이크 아웃이 상승 방향으로 발생할 때 진정한 상승세를 타기 전 털어 내는 구간이 자주 생깁니다.

릿치 2세   주식이 통합 구간에서 오래 머무르다가 상승세를 탔을 때 4~ 5개의 특정한 기술적 패턴 방식에 따라 트레이딩을 합니다. '특정한 기술적 패턴 방식'은 얼마나 오래 통합 구간이 계속되었는지, 각각의 피봇 포인트와 저항이 어떻게 형성되는지, 거래량은 어떻게 움직이는지, 주가가 신고점에 얼마나 가까운지 등에 따라 변형됩니다.

MOMENTU

펀더멘털 분석

MASTER

펀더멘털 요건이 갖춰진
주식을 찾은 후 차트를 보십니까,
아니면 그 반대인가요?

미너비니 펀더멘털적으로 좋은 요건을 갖추고 있어도 차트가 나쁘고 주가가 하향세라면 매수를 하지 않습니다. 저는 먼저 차트를 보고 장기 추세를 찾아봅니다.

라이언 저는 개별 종목 차트를 가장 의지합니다. 매주 적절한 요건을 갖춘 주식을 찾기 위해 몇 백, 몇 천 개의 종목 차트를 섭렵하죠. 제가 찾고자 하는 요건이 차트에서 보이면 해당 회사의 재무 상황이 견고한지를 확인합니다. 펀더멘털과 차트 분석 둘 다 상향세를 보여 줘야 합니다. 단순히 차트가 좋은 주식을 보유할 때보다 펀더멘털이 단단한 주식을 보유할 때 더 확신을 가질 수 있습니다. 선택할 수 있는 주식이 그렇게 많은데, 기왕이면 최고의 조건을 갖춘 주식을 선택해야 하지 않을까요? 펀더멘털상으로 훌륭한 회사라는 얘기가 들리면 차트가 이를 확인해 주는지 항상 확인합니다.

쟁거 저에게 가장 큰 수익을 안겨 준 주식들은 언제나 차트 패턴으로 찾았습니다. 그래서 저는 차트를 먼저 봅니다. 훌륭한 펀더멘털을 갖고 있다면 이익, 매출 성장세도 매우 좋겠죠. 어떤 순간이 되면 해당 종목의 차트도 강력한 펀더멘털을 바탕으로 매우 훌륭한 패턴을 그리게 됩니다.

릿치 2세 기술적 분석 측면에서 필요한 요건들을 충족하지 못하면, 펀더멘털이 어떻든 간에 매수는 생각도 안 할 겁니다. 그래서 항상 차트를 먼저 봅니다.

매수에 들어가기 전 보통 리서치에
들이는 시간이 얼마나 되나요?

미너비니　익숙한 종목이 아니라면 회사의 이익, 뉴스 또 관련 산업의 다른
회사에 대한 조사에 필요한 만큼 충분한 시간을 들입니다. 하지
만 저는 많은 회사를 알고 있고 이들을 지켜봐 왔습니다. 그래서
실제로는 기술적으로 매입 시점에 들어설 때 이를 관찰하고, 실적
리포트를 확인하는 데 걸리는 시간에 따라 달라집니다.

라이언　회사의 펀더멘털은 포괄적으로 살펴보고 매번 나오는 실적 리포
트 같은 자잘한 사항은 신경 쓰지 않기 때문에 의사결정에 걸리
는 시간은 몇 분밖에 안 될 겁니다. 다만 회사의 기본 정보, 컨퍼
런스 콜, 웹사이트를 조사하며 회사가 지금까지 어떻게 해 왔는지
그리고 미래의 계획은 무엇인지를 알고자 많은 시간을 들였을 때

더 성공적인 결과를 얻었습니다.

쟁거   사실 거의 시간을 들이지 않습니다. 펀더멘털에 열심인 적도 있었는데 열심히 한 만큼 해당 종목을 믿고 싶게 되더라고요. 1990년대 중반에 초대형 손실 단 두 번으로 제 계좌가 거의 사라질 뻔했는데, 그 이후로 리서치는 그만두었습니다.

지금은 전적으로 가격 움직임만을 봅니다. 시장이 어떤 주식을 사고 어떤 주식을 피하라고 하는지 보여 주는 대로 따라갑니다. 저의 리서치 시간의 80퍼센트를 시장을 따라가는 데 씁니다. 나머지 20퍼센트는 시장에서 가장 강한 움직임을 보이는 주식의 실적을 살펴보는 데 쓰고요. 일반적으로 제 눈에 띄는 움직임을 보인 종목이 실제로도 매우 강력한 이익과 매출의 지지를 받더라고요.

릿치 2세   기술적 요건들이 얼마나 좋은지에 따라 다릅니다. 회사의 사업 영역, 산업 분야, 이익, 매출 등 사전 리서치는 하지만 항상 포괄적으로 깊게 하지는 않습니다.

리서치나 뉴스는 어디서 보십니까?
뉴스를 실제 트레이딩에
어떻게 활용하나요?

미너비니   저는 외부 영향은 필요한 최소한으로 유지하고, 되도록 외부 의견 없이 사실에 근거한 데이터만 존재하는 '진공포장' 상태의 트레이딩 환경을 조성하려고 노력합니다. 매수, 매도 결정을 위해 필요한 모든 건 내부적으로 조달합니다. 뉴스 제공 사이트 여러 곳을 구독하고 있지만 회사의 이익과 매출, 이익률 데이터 이외의 자료는 거의 쓰지 않아요. 야후 파이낸스Yahoo Finance나 브리핑닷컴Briefing. com 정도만 이용합니다.

라이언   《인베스터스 비즈니스 데일리》를 가장 많이 봅니다. 시장에서 가장 뛰어난 성장주를 찾는 것 위주로 구성되어 있거든요. 다른 뉴스 미디어에서는 거의 볼 수 없는 매우 보수적인 관점을 읽을 수 있기 때문에 논평 부분도 살펴봅니다. 논평이 너무 보수적이라서 《월스트리트저널》이 사회주의자들 잡지처럼 보일 정도입니다.

저는 《월스트리트저널》과 《로스앤젤레스타임즈》도 읽습니다. 온라인 뉴스 스트리밍 채널인 브리핑닷컴도 쓱 살펴봅니다. 뉴스는 포지션 크기를 정하거나 포지션을 전량 매도할 때 부가적인 정보로 활용합니다. 뉴스를 훑어보면서 투자에 대한 추가 아이디어를 얻기도 합니다.

쟁거   저는 뉴스를 볼 때 다우 존스, 야후 파이낸스 혹은 휴대폰에 있는 아메리트레이드Ameritrade(미국의 증권사―역주) 앱을 이용합니다. 투자 의견―상향 또는 하향―이나 오늘의 뉴스, 또 가장 중요한 뉴스에 주가가 어떻게 반응하는지를 찾아봅니다. 좋은 뉴스가 나왔는데 주가가 움직이지 않으면 보유 물량을 줄여야 할 때겠죠.

릿치 2세   저는 마켓워치marketwatch.com, 야후 파이낸스, 잭스닷컴zacks.com, 씨엔비씨cnbc.com를 포함한 다양한 인터넷 시장 뉴스를 봅니다. 사무실에서는 증권 경제 방송을 틀어 놓지 않는 것을 원칙으로 합니다.

저는 주로 실적 발표 날짜나 실적 발표 내용, 헤드라인 등의 종목 관련 뉴스를 봅니다. 어떤 때는 미디어 몇 개를 보면서 시장 여론에 대한 감을 잡기도 합니다.

하루에 조사하거나 훑어보는 주식이
보통 몇 개인가요?

미너비니 　매일 수백 개의 차트를 보지만 펀더멘털 분석을 하거나 뉴스를 찾는 등 깊게 조사하는 종목은 몇 개 되지 않습니다. 제가 주시하는 종목 중 상당수는 어떤 회사인지를 어느 정도 알고 있습니다. 물론 갑자기 새로운 종목이 출현하기도 하는데 그럴 때는 황급하게 정보를 찾아 움직임을 따라갑니다.

라이언 　시장에 따라 다릅니다. 트레이딩 요건을 충족하는 새로운 종목이 많다면 정말 바빠지겠죠. 보통 하루에 한 종목은 리서치를 끝내려고 노력합니다.

쟁거 　시장이 열리는 날마다 300~400개 정도의 차트를 훑어보고, 실적 발표 기간에는 주도주 실적을 최대한 많이 살펴봅니다. 전형적으로 걸리는 시간은 주중에는 14시간, 주말에는 5~7시간입니다.

릿치 2세   300~500개의 종목 차트를 보고 얼마 되지 않는 5~10개의 주식만 펀더멘털까지 살펴봅니다.

지금도 오래전 시장을
움직였던 힘과 같은 힘이
시장을 움직인다고 생각하나요?

미너비니   물론입니다! 1930년대 코카콜라Coca-Cola, KO는 지금의 몬스터음료 Monster Beverage, MNST와 닮았습니다. 코카콜라는 당시 엄청난 이익과 훌륭한 차트 패턴을 보이는 작은 성장주였죠. 당시만 해도 코카콜라라는 이름을 들어 본 사람이 거의 없었습니다. 1980년대에 월마트Wal-Mart, WMT는 하루에 5만 주도 거래되지 않던 소형주였습니다. 창업주인 샘 월튼Sam Walton은 가게 앞에서 비누를 넣던 나무 상자 위에 서서 손님을 맞았습니다. 지금 이 주식은 하루에 700만 주가 거래되고, 분기별 매출은 1000억 달러가 넘습니다. 매출이 견인하는 이익은 주가의 큰 움직임을 이끄는 원동력입니다. 항상 그래 왔고 앞으로도 항상 그럴 겁니다.

라이언 네, 이익 성장에 대한 기대가 전부입니다. 그리고 이건 절대 변하지 않을 겁니다. 모두가 점점 가치가 높아지는 회사를 원하고, 가치는 이익 성장으로 실현되기 때문입니다.

쟁거 연방준비은행Fed의 유동성, 이자율이 시장을 움직이는 동력인 것처럼 이익도 여전히 주식을 움직이는 힘입니다. 앞으로도 항상 그럴 거고요.

릿치 2세 오래전부터 트레이딩을 한 것은 아니라서 저에게는 어려운 질문인데, 저는 단기 트레이딩이 실제 사항에 기반을 둔다고 생각하지 않습니다. 하지만 장기적인 관점으로는 궁극적으로 펀더멘털이 동력을 제공해야 큰 규모의 상승세를 보일 수 있다고 생각합니다. 지속적으로 이익이 창출되고 매출이 확장되지 않으면 주가는 대규모 상승을 지속하지 못합니다.

숏 포지션을 취할 때
펀더멘털에서
어떤 부분을 보시나요?

미너비니 이익 성장 속도가 느려진다는 것은 주식이 꼭대기를 지나고 있다는 말과 같습니다. 실적 발표 후 주가가 크게 동요해서 하락한다면, 기술적 분석상 해당 종목이 3단계의 꼭대기 혹은 더 바람직하게 말하면 4단계에 있다는 뜻입니다. 저는 데드 캣 바운스에서 숏 포지션을 취하기도 합니다.

라이언 숏에 들어갈 때는 기술적인 면을 훨씬 중요하게 봅니다. 공매도에 좋은 주식 중 상당수는 펀더멘털 측면에서 변화가 생기기 훨씬 전에 주가가 꼭대기일 때의 기술적 특징들이 나타납니다. 다음 실적 발표가 나오기도 전에 주가가 50퍼센트나 하락한 종목도 봤습니다. 3개월 이상 꼭대기를 형성하는 종목은 매출과 이익에서도 성장세가 둔화되는 것을 보게 될 겁니다.

쟁거 이익성장률이 저하되는 것이 숏 포지션을 들어갈 때의 핵심이긴 한데, 저는 숏 포지션을 웬만하면 취하지 않습니다. 다만 숏으로 큰 수익을 낸 적은 있습니다. 2004년 이베이eBay, EBAY 16만 주를 공매도했을 때였죠. 당시 이베이는 주식 분할 이전 가격 기준으로 105달러였는데, 실적 달성에 실패하고 실적 예상치도 낮췄죠. 예상치를 크게 하회한 실적 발표 때문에 눈 깜짝할 사이에 갭 하락이 일어나면서 주가가 20달러 급락했고 이후 몇 주 동안 점점 더 하락했습니다.

주가가 급락하기 전에 이미 이익 성장 속도가 느려졌고, 얼마 전에는 주가가 120달러 대에 형성되었던 채널 구간을 깨고 상당한 물량이 거래되며 하락한 상황이었어요. 그러고 나서 주가가 105달러 선에 있던 100일 이동평균선을 치고 항복Capitulation 물량이 나올 때 반등을 시도했습니다. 잠깐의 반등 후 실적 발표가 나오기 전까지 며칠 동안 다시 심하게 하락했습니다. 그 이전으로도, 이후로도 실적 발표를 앞두고 주가가 엄청난 물량으로 그렇게 빨리 무너진 것을 본 기억이 없습니다. 제가 하루에 한 종복에서 가장 큰 공매도 수익을 거둔 게 이때예요.

이익 발표 때 주식을 보유하는 일은 거의 없습니다. 보유한 경우에는 모두 숏 포지션을 취했고, 다행히 지금까지는 운이 좋았습니다. 실적 발표 때 주식을 보유하거나 숏 포지션을 취한 지 벌써 10년도 넘었네요.

릿치 2세   저는 숏 포지션을 취할 때 기술적 분석만큼 펀더멘털 자료를 보지는 않습니다. 어차피 저는 숏은 거의 하지 않습니다. 폭발적으로 이익을 보이다가 이익과 매출 모두 부진해지는 때가 숏 거래를 하기 좋은 지점이긴 하죠. 하지만 절대로 이런 펀더멘털적 특징을 보인다고 숏 거래를 하지는 않습니다. 기술적 분석에서 숏 포지션을 받쳐 주는 그림이 보여야 합니다.

실적 모멘텀을
어떻게 측정합니까?

미너비니 실적과 관련해서 여러 가지를 찾아봅니다. 최근 4분기 동안 분기별 이익 성장 속도가 빨라져야 합니다. 또 이익이 몇 년간 지속된 범위를 깨고 상승했다면, 이는 긍정적인 신호입니다. 이익 성장이 매출 성장보다 가속화된다면 이것도 주의 깊게 볼 만합니다.

라이언 저는 분기별 이익을 작년 동기 대비 볼 뿐만 아니라 직전 보고한 두세 개 분기도 함께 비교해서 이익 증가율이 높아졌는지를 확인합니다. 이익이 극적으로 상승하는 것을 찾고 싶거든요. 앰바렐라 Ambarella, Inc, AMBA 가 지금 볼 수 있는 좋은 예입니다. 직전 4개 분기 이익상승률이 19퍼센트, 42퍼센트, 84퍼센트 그리고 162퍼센트로 급증했어요. 매출도 동시에 증가했습니다. 저는 이런 모멘텀을 찾습니다.

쟁거   작년 동기 대비 비율상 변화를 보는데, 대부분의 모멘텀 트레이더도 그렇게 합니다. 분기별 상승률이 그 직전 분기 그리고 작년 동기보다 커야 합니다. 물론 많은 모멘텀 트레이더는 30~40퍼센트 혹은 그 이상의 상승률을 찾습니다. 상승이 높을수록 대어를 낚을 확률이 높아집니다.

릿치 2세   기계적으로 측정하지는 않지만 폭발적인 성장을 찾으려 합니다. 큰 주가 움직임을 지속시킬 수 있는 어떤 일이 해당 회사에서 일어나고 있다는 걸 알 수 있거든요.

높은 성장률 또는 가속화되는 성장률이 필요한가요?

미너비니   이익과 매출 모두 가속화된 성장세를 보인다면 정말 좋겠죠. 하지만 전에도 말씀드렸듯이 인생은 계획대로 완벽하게 흘러가지 않는 탓에 항상 둘 다 가질 수는 없습니다. 문제는 괜찮은 이익 성장세를 보이지만 매출은 둔화되었다면 성장세는 한계에 다다를 거라는 데 있습니다. 높은 이익을 유지하려면 어느 순간부터는 매출도 발 맞춰 성장해야 합니다. '생산성 향상Productivity Enhancement'으로 회사의 성장을 이끌어 가는 것은 한계가 있습니다. 궁극적으로는 매출이 성장해야 해요.

라이언   거의 모든 경우에 매출과 이익은 동시에 증가합니다. 매출이 증가하지 않으면 이익을 지속적으로 성장시킬 수 없어요. 마크가 얘기한 것처럼 회사가 비용을 줄여서 생산성을 향상시키는 것은 어느 정도까지만 가능합니다.

쟁거 저에게는 매출 성장보다 이익 성장이 훨씬 이해하기 쉽습니다. 하지만 강한 이익과 매출 성장세의 조합은 이미 증명된 주가 상승의 공식이죠. 사실 아마존Amazon.com, AMZN과 세일즈포스Salesforce.com, CRM 처럼 매출 성장세만 보이는 주식의 가치 산정은 어렵습니다. 저는 이런 주식은 보통 다른 사람들을 위해 남겨 둡니다.

인터넷 버블 시기에 주가가 바닥에 고꾸라진 회사들 대부분이 이익을 거의 혹은 전혀 내지 못했지만, 강력한 매출 성장세를 보이고 1,000배 이상의 높은 P/EPrice-to-Earning(주가수익비율, PER이라고도 한다. 주가를 주당순이익으로 나눈 값으로 회사의 내재 가치 대비 시장에서의 평가 가치가 몇 배인지를 알 수 있다—역주)로 거래되었던 것을 절대 잊지 않습니다. 지나고 나서 보면 이런 회사 대부분이 잘 안 되거나 망해서 없어진다는 걸 우리 모두 알죠.

릿치 2세 필수적이라고 생각하지는 않지만 성장률이 보이면 좋습니다.

이익률 또는 자기자본이익률을 활용합니까?

미너비니   예. 이익률$_{Profit\ Margin}$이 확대되는 것이 좋습니다. 이익은 개선되는 데 매출은 줄어드는 종목의 경우 이익률 확대로 인해 성장이 촉진될 수 있어요. 하지만 말씀드린 것처럼 이익이 좋아질 때 매출이 동반되지 않으면 이익 성장은 언젠가 한계에 이릅니다. 자기자본이익률$_{Return\ on\ Equity,\ ROE}$은 종목이 속한 산업의 타 주식과 비교할 때 꼭 봐야 하는 겁니다. 15~17퍼센트 또는 그 이상의 ROE를 가진 주식이 일반적으로 더 좋습니다.

라이언   둘 다 중요한 항목이고 제가 회사의 수익성에 대해서 공부할 때 눈여겨보는 겁니다.

쟁거　　이익률은 이따금 보지만, 자기자본이익률을 보는 법은 없습니다. 시장은 이미 어떤 주식이 좋은지 알고 있고 저는 시장의 안내에 따라 주식을 찾기 때문에 사실 둘 다 그다지 신경 쓰지 않습니다.

릿치 2세　　저는 자기자본이익률은 전혀 보지 않습니다. 이익률은 증가세에 있는지를 확인하고자 보는데, 약간 부차적인 항목입니다. 증가세가 좋기는 하지만 이익과 주가를 진짜로 움직이려면 어느 순간부터는 회사가 생산하는 게 무엇이든지 그걸 더 많이 팔아야 할 겁니다.

모멘텀 주식은
고성장 고P/E인 경우가 많습니다.
저P/E 모멘텀 주식을 찾은 적이 있나요?

미너비니 저는 P/E를 잘 신경 쓰지 않아요. 그럼에도 말한다면, 아주 낮은 P/E 종목보다는 비교적 높은 P/E 종목에 투자하겠습니다. 높은 P/E라면 최소한 무슨 일인가는 일어나고 있을 테고, 수요도 있다는 거니까요. 극도로 낮은 P/E에 거래된다면 무언가 굉장히 잘못 돌아가고 있다는 신호일 수 있어요. 물론 아주 높은 P/E인 경우에는 실수하면 안 되기 때문에 상황이 악화되기 시작하면 바로 빠져나오는 것이 중요합니다.

라이언 낮은 P/E로는 모멘텀 주식을 거의 찾지 못할 겁니다. 낮은 P/E의 모멘텀 주식이라면 성장이 느린 회사가 갑자기 놀라운 이익성장률을 보이는 경우일 때가 많은데, 그러면 시장은 이를 막 인식하기 시작하는 거죠.

쟁거 P/E가 20을 넘지 못할 때 400포인트 이상 올라간 애플처럼 아주 좋은 성과를 낸 경우는 몇 차례 있습니다. 다만 저는 경험하지 못했습니다. 1990년대 반도체 섹터처럼 그룹 전체가 낮은 P/E로 거래되다가 10~20배에서 40~60배 P/E로 상승하거나 혹은 그 이상 올라간 경우도 있죠. 1990년대 인터넷 광풍이 불 때 인터넷망에 연결할 컴퓨터 수요가 쓰나미처럼 덮치면서 더 높이 상승하기도 했습니다. 덩달아 관련 산업이 들썩여서 100배를 초과하는 역사적인 P/E가 나타났고, 몇몇 반도체주는 이보다 훨씬 더 올라가기도 했어요. 하지만 대체로는 그렇지 않습니다. 보통 낮은 P/E 주식(8~10)은 낮은 가격 수준에 머무르고 느리게 움직입니다.

릿치 2세 저는 P/E를 본 적이 없습니다. 그래서 확실하게 답을 드리지 못하겠네요.

분기 이익과 장기성장률 중 어느 것이 더 중요한가요? 아니면, 둘 다 필요한가요, 모두 필요 없나요?

미너비니　성장이 가속화되고 있는지를 확인하고자 할 때만 현재 이익과 비교할 목적으로 장기성장률을 신경 씁니다. 미래 성장과 관련해서는 아무도, CEO조차도 알 수가 없죠. 과거 성장은 단순히 백미러로 들여다보는 것에 불과합니다. 이번 분기 성장률에 집중하세요. 일반적으로 현재 성장률이 과거 성장률보다 높다면 괜찮은 주식입니다.

라이언　최고의 상황은 이번 분기와 장기성장률 둘 다 강한 상승세를 보일 때죠. 하지만 저는 분기 성장률 상승을 더 강조하고 싶습니다. 분기 성장률 상승 종목 중 추세 전환 국면에 있는 주식이 있을 수 있기 때문입니다.

쟁거   저에게 큰 수익을 안겨 준 종목은 해당 분기 및 과거 3, 4개 분기에도 이익이 크게 상승했습니다.

릿치 2세   저에게는 둘 다 필요하지 않습니다. 저는 최근의 3, 4개 분기 및 연간 추세가 어떻게 형성되었는지를 봅니다. 최근 몇 분기 동안 이익이 괜찮았고 해당 연도에 과거보다, 말하자면 4, 5년 전과 비교했을 때 더 많은 이익이 예상되면 아주 좋은 신호입니다.

MOMENTU

시장

MASTER

트레이딩 기법을 인덱스에도 적용할 수 있나요, 아니면 주식에만 적용하나요?

미너비니　인덱스 대비 지렛대 효과를 얻을 수 있기 때문에 주식을 거래합니다. 만약 나스닥이 10퍼센트 움직인다면, 주도주들은 같은 기간에 5~10배 상승할 수 있거든요.

라이언　인덱스와 ETF에 적용할 수 있지만 저는 주로 개별 주식에 초점을 맞춥니다.

쟁거　거래량과 차트 패턴을 이용해서 거래하는 방법은 주식부터 상품, 인덱스, 통화에 이르기까지 모든 트레이딩에 적용할 수 있습니다.

릿치 2세　물론 적용이 가능한 원칙들도 있습니다. 하지만 인덱스 자체가 개별 주식에 비해 훨씬 더 효율적으로 가격이 결정되고 무의미한 가격 움직임 같은 잡음을 내기 때문에 여러분을 정신없이 쥐고 흔들, 장을 휩쓸어 버리는 가격 급등락 및 비정상적인 변동성을 나타내기 쉽습니다. 가끔 매우 강한 강세장을 예측하고 투자를 덜한 듯할 때 어느 정도의 포지션을 인덱스로 가져가기도 하지만, 리스크가 아주 낮은 시점이라고 느낄 때만 그렇습니다. 심지어 굉장히 엄격한 스톱 가격을 설정하고 거래합니다. 보통은 시장이 좋으면 아주 좋은 종목 하나에 들어가 있는 것만으로도 인덱스를 거래하는 것보다 훨씬 낫기 때문에 주식 트레이딩을 선호합니다.

시장 타이밍을 맞히려는 편인가요?
시장을 측정하는 수단이나 지켜보는
지표는 있나요?

미너비니　딱히 없습니다. 저는 시장이 추세 전환점에 가까워졌음을 꽤 정확하게 알려 주는 시장 리스크 모델을 갖고 있지만, 제 주된 관심은 개별 종목입니다. 거래할 종목이 없으면 지표나 모델이 알려 주는 건 하등 의미가 없습니다.

라이언　개별 주식은 시장의 영향을 너무 많이 받지 않도록 주의해야 합니다. 시장 지표에서 매도 신호가 나와도 보유 종목이 잘 버틴다면 매도하면 안 됩니다. '목욕물 버리면서 아기까지 버리지 마라'라는 말 들어 보셨을 겁니다. 시장 전반을 지켜보긴 해야겠지만 시장의 하향세를 알리는 경고등이 깜박거린다고 보유 종목을 모두 매도할 정도로 시장을 따를 필요는 없습니다.

쟁거 차트와 주도주 그리고 주도주들의 움직임 외에 마법의 지표라는 건 없습니다. 저에게는 차트 패턴과 가격 움직임이 전부입니다.

릿치 2세 전반적인 상승-하락선, 신고점, 신저점, 시장 전체 거래량 등 제가 주로 보는 지표들이 있습니다. 하지만 타이밍을 찾는 방식이라기보다는 보조 지표로 씁니다. 보통 시장을 상대로 롱 포지션을 취하지는 않습니다. 때때로 숏 포지션에 들어가지만 지표 하나만 보고 하는 건 아닙니다. 저의 트레이딩 기록과 관심 종목군을 합치면 제가 보는 지표가 생성됩니다. 이 지표는 시장 움직임과 높은 상관관계를 보일 때도 있고 많이 다를 때도 있습니다.

시장에서 매도 신호가 뜨면
매도할 주식은 어떻게 선별하나요?

미너비니 주식이 이정표를 알아서 세울 때까지 내버려 둡니다. 설정한 스톱 가격까지 주가가 내려가서 포지션에서 강제로 나오게 될 수도 있고, 종목이 괜찮은 수익을 내고 있다면 풀백이 생길 때 이익 대부분이 실현되도록 빡빡하게 스톱 가격을 설정해서 거래를 종료할 수도 있습니다. 거래를 개시하면 이 두 가지 경우 중 하나가 발생하기를 기다립니다.

주식 트레이딩은 앞으로 나올 움직임을 예측하고 나서, 예측의 옳고 그름이 증명되기를 기다리는 과정입니다. 롱 포지션을 보유한 상태에서 약세 시장 예측으로 관점을 바꾸어도 종목 스스로 스톱 가격에 매도되고 포지션이 정리되기를 기다립니다. 웬만해서는 제 '의견'에 근거해서 모든 보유 물량을 매도하지 않습니다. 스톱을 여유를 두지 않고 단단히 걸어서 주가의 움직임에 의해서 하나 둘 포지션이 저절로 정리되도록 합니다. 스톱을 설정해 놓아도 버티는 경우가 매우 자주 있습니다. 한편으로는 시장의 조정이 시작되기 전부터 보유했던 주식이 풀백이 왔는데도 불구하고 살아남는 경우도 있습니다.

라이언　손실을 낸 종목이 첫 번째로 내보낼 주식입니다. 매수 후 경과가 좋지 않았다면 시장 환경이 나쁠 때는 더욱 좋은 움직임을 보이지 못할 겁니다. 시장이 전반적으로 내리막길을 가면 가장 힘이 빠진 종목부터 강한 종목까지 순서대로 매도를 진행하면서 포지션을 줄여 갑니다. 우수한 종목은 대부분의 시장 하락세에 저항합니다. 이런 종목은 다음 상승장이 시작되면 계속 올라갈 수도 있기 때문에 최대한 오래 보유하려고 합니다.

쟁거　새로운 시장 매도 신호가 나오면 뗄 수 있다면 부엌 싱크대 장까지 떼다 팔 정도로 모든 걸 동시에 팔아 치웁니다. 주가가 내려갈 때까지 기다렸다가 팔 이유가 있나요? 주식이 시장과 함께 추락하기 전에 당장 파세요.

릿치 2세　시장에서 나오는 매수, 매도 신호에 따라 거래하지 않습니다. 주가가 스톱 가격을 건드리면 그때 팝니다.

시장이 나빠지기 시작할 때 한계 종목의 이익을 실현하는 편인가요? 이때 손익분기점 가격으로 스톱 가격을 조정하나요, 아니면 처음 설정해 놓은 손절 가격에서 스톱 거래가 일어나도록 놔두나요?

미너비니   시장에 정말 큰 문제가 있다고 느끼면 한계 종목—수익을 겨우 내고 있는 종목—들은 스톱 가격을 손익분기점대로 옮기고, 수익률이 높은 승자들은 여유를 주지 않고 높은 가격에 스톱을 걸어 놓습니다. 저는 제가 보유한 주식들이 첫 번째 '자연스러운 반응^{풀백}'을 거치도록 놔둡니다. 문제가 되거나 통제가 안 되는 수준으로 떨어지는 종목들은 팔 수도 있고요. 결론적으로 말하면, 판단을 내리고 균형을 맞추는 행위입니다. 그래서 트레이딩을 예술이라고 하죠.

라이언   시장이 하향세에 접어들었다고 느끼면 투자 규모를 삭감하기 위해서 한계 종목의 이익을 실현합니다. 시장이 떨어질 때 포트폴리오에서 가장 먼저 내보내는 종목은 손실이 발생한 종목이고, 그 다음은 한계 종목, 마지막은 수익률 최상위의 종목입니다.

쟁거   시장이 살짝 나빠질 때와 달리 급브레이크를 밟을 때 저는 되도록 60~80퍼센트를 줄이고 시장이 어떻게 움직이는지 지켜보려고 합니다. 만약 지지 기반을 회복하면 강력한 종목들을 다시 추가합니다.

릿치 2세   제가 시장이 어느 단계에 있다고 생각하는지 그리고 저의 트레이딩이 어땠는지에 따라 달라집니다. 어려운 시기를 막 거치고 나왔다면 모든 걸 더 단단하게 조이거나 다 털어 버리고 얼른 떠납니다.

시장은 하향세인 상황에서 좋은 상향 차트가 보인다면 그 주식을 사나요, 아니면 그냥 지켜보나요?

미너비니 조정 국면, 더 안 좋게는 약세장에 접어들었다는 근거가 있다면 시장에 들어가지 않고 지켜보거나 거래를 한다고 해도 평소보다 가볍게 할 겁니다. 시장의 주요 지수들이 축적 구간을 가리키고, 주식이 제 기준에서 건설적으로 정렬하고 있다면 저는 '파일럿 매수Pilot Buy'(시험 삼아 해 보는 매수—역주)에 들어갈 겁니다. 하지만 첫 번째 물결을 따라 두 번째 물결의 주식들이 정렬할 때까지 트레이딩 규모를 늘리지는 않을 겁니다. 파일럿 매수로 수익을 보고 두 번째 물결이 생긴다는 가정 아래요. 일반적이라면 이때쯤 지수들이 추가 신호들을 내 줘야 합니다. 가장 중요하게는 초기 매수가 견인할 수 있는 능력을 보여 줘야 하고요. 일이 잘 풀리는 게 확인되면 가속페달을 밟고 꽤 빠르게 보유량을 늘립니다.

라이언   하락장이어도 제가 찾는 모든 특징을 갖춘 주식이라면 저는 매수에 들어갑니다. 최악의 약세장에서도 강력한 성장 단계에 있는 회사의 주식은 종종 추세를 거스릅니다. 물론 그런 주식은 아주 소수여서 선별해야 합니다.

유에스서지컬U.S. Surgical이 여기에 속합니다. 1990년 7월에 시장은 떨어지는데, 유에스서지컬은 신고가를 연속으로 갱신했습니다. 1990년 10월에는 이라크가 쿠웨이트를 침공했는데 이때 시장은 20퍼센트 이상 떨어진 반면, 유에스서지컬의 기저 가격은 24달러에서 34달러까지 연속적으로 올라갔습니다. 시장을 짓누르던 부담감이 사라졌을 때 유에스서지컬은 폭발적으로 상승했고, 30달러 중반이던 주가는 130달러 이상으로 올라갔습니다.

쟁거   시장의 전반적인 추세는 저한테는 정북 방향이 어딘지 보여 주는 나침반입니다. 그래서 저는 시장이 하향세일 때 90퍼센트의 경우는 매수를 피합니다. 하지만 2~3퍼센트의 깜짝 하락이라면 적당한 폭의 하락장에서 돌파세를 보이고 있는 주도주 매수에 들어갑니다.

전반적인 추세를 거스를 수 있는 매우 드문 환경도 있는데요. 주식시장이 하향세일 때 가끔 오르는 금 또는 시장이 하락세일 때 가격이 올라가는 인버스 ETF 종목 같은 경우입니다. 성장주나 모멘텀주는 보통 전반적인 시장의 추세와 같이 움직입니다.

릿치 2세   저에게는 시장의 하락이 트레이딩에서 손을 뗄 충분한 이유가 못 됩니다. 하지만 일반적으로 모두가 하락하는데 종목 하나가 버티고 있다면 그걸 사지는 않습니다. 정말 관심이 생기려면 시장 추세를 완강하게 거스를 잠재력을 갖고 있는 매력적인 주식들이 다양하게 보여야 합니다.

시장이 분산 단계인지 축적 단계인지는 어떻게 알 수 있나요? 그리고 트레이딩과 관련해서 이를 어떻게 활용하나요?

미너비니 시장에서 강한 매도세가 보이면서 거래 규모가 확대될 때는 분산 Distribution(거래량이 많은 매도. 종목 또는 시장이 포화 상태임을 가리키며 수요 감소를 예상할 수 있다. 한 예로, 기관들이 가격에 영향을 미치지 않기 위해 큰 매도 물량을 하루 또는 며칠 동안 나누어서 팔 때 분산이 관찰된다 —역주) 단계이고 반대가 축적 단계입니다. 서는 제가 보유한 종목의 움직임을 보고 시장 움직임을 재확인합니다.

라이언 저는 주요 시장 지수가 보여 주는 가격과 거래량 간의 관계를 주의 깊게 봅니다. 제가 자금의 몇 퍼센트를 투자할지를 결정할 때 이 관계의 영향을 받습니다. 시장에 거래량이 증가하면서 가격이 크게 하락하는 날이 나타나면 포트폴리오 규모와 보유 주식 수를 줄일 수도 있습니다.

쟁거   저는 2000년에 제가 사용하려고 만든 음성 프로그램을 이용하는 데, 이 프로그램은 거래가 얼마나 몰리는지, 빈도는 어떤지를 보여 주는 '소리 그림'을 그려 줍니다. IQXP라는 이름의 소프트웨어 프로그램이고 소리 그림은 프로그램 기능 중 하나인데, 제가 프로그램을 짜고 IXQP가 상품화해서 탑재했습니다.

저는 12개 정도의 종목을 넣어 놓고 하루 종일 소리를 듣습니다. 매수 주문이 체결되면 코코넛 소리, 매도 주문이 체결되면 망치 소리가 납니다. 코코넛 소리가 며칠 혹은 몇 주 동안 압도적으로 많이 들리면 분산이 생긴 걸 알 수 있어요. 망치 소리가 며칠 동안 계속해서 들리면 매수자들이 포진해 있다는 걸 알 수 있습니다.

릿치 2세   저는 뉴욕증시NYSE와 나스닥Nasdaq 지수를 보고 최근 상승과 하락에서 평균 이상의 거래량이 나타났는지를 찾아봅니다. 제가 가장 중요하게 보는 건 롱 포지션을 취할 때 강한 매도세가 나타나는지 여부입니다. 순풍을 타지 못할 가능성이 잠재해 있다는 의미거든요.

어떤 면을 보고 더 공격적으로 투자합니까?
가속페달을 밟아야 할 때라는 걸
어떻게 알 수 있나요?

미너비니 　보유 주식이 수익을 내는 것이 제 주요 측정 기준입니다. 보유 종목 중 트레이딩을 위한 요소가 잘 배치된 게 보이면 매수에 들어갑니다. 거래가 잘 풀리면 더 공격적으로 들어갑니다. 거래가 잘 안 풀리면 보유 물량을 줄이고 종목 개수도 줄입니다. 아주 간단하지만 효과적인 방법입니다. 거래가 잘 풀릴 때 포지션을 늘리고 안 풀릴 때 포지션을 줄이면, 결국 내가 가장 잘할 때 가장 큰 규모로 거래하게 되고 가장 못할 때 가장 작은 규모로 거래하게 됩니다. 이것이 큰 손실을 피하고 큰돈을 버는 방법입니다.

라이언 　많은 종목이 신고가를 갱신하고 새로운 가격대로 진입하고 또 새로운 주도주가 출현하면 새로운 상승 국면이 열리는 것으로 볼 수 있을 겁니다. 시장에서 이런 특징이 나타날 때 더 투자할 수 있다는 확신을 얻습니다.

쟁거 매우 긍정적인 패턴의 차트를 알아보는 것이 더 공격적으로 투자하는 데 있어 핵심입니다. 한편으로는 이익을 분석하고 연준이 무얼 하고 있는지를 아는 것도 중요합니다. 이를 모두 갖춘 기술 종합 세트를 갖게 되면 가속페달을 언제 밟아야 되는지를 알 수 있을 겁니다. 통상 연준이 확장 정책을 펴고 첫 몇 년 동안 그리고 경기 침체 후 회사들의 이익이 성장하기 시작하는 순간이 주식이 가장 강할 때입니다.

릿치 2세 저의 실제 트레이딩이 받쳐 줄 때만 위험노출 금액을 한 단계 높입니다. 지수나 지표가 아무리 좋아도, 잘 될 것 같은 주식이 많이 보여도 소용없습니다. 제가 수익을 못 내고 있다면, 견인을 해 줄 만한 성공적인 시험 거래 없이는 더 공격적으로 움직이지 않을 겁니다.

FTD가 나오기 전에 주가가 돌파세를 형성했다면 그 주식을 매수하겠습니까? 만약 그렇다면 FTD 발생 전에 계획한 포지션 전량을 매수하겠습니까?

미너비니   FTD_{Follow Through Day}(《인베스터스 비즈니스 데일리》가 제공하는 상승 추세 전환 신호. 하락장 또는 조정장에는 짧은 상승 구간인 랠리가 상승장으로의 추세 전환을 시도하며 여러 번 나타나는데, FTD는 이 중 성공하는 랠리를 알려 준다. 주요 지수가 전일 대비 1.5퍼센트 이상 상승하고, 거래량도 상당히 증가하는 날에 발생하며, 보통 랠리 3~7일째 나타난다—역주)가 필수적일 때가 약세장이나 제법 큰 조정이 온 다음입니다. 이때 시장이 바닥을 벗어나고 새로운 상승 국면이 시작되면서 큰 거래량이 들어오는 것을 봐야 합니다. 하지만 저는 지수나 지표, 뉴스보다는 개별 주식에 더 의존합니다. 주요 지수가 바닥을 쳤다고 해서 개별 주식이 본격적으로 상승할 준비가 되었다고 보지는 않습니다. 그리고 주도주는 시장보다 훨씬 앞서서 움직이기도 하죠. 그러니까, 예, 저는 FTD가 발생하기 전이라도 주식을 살 겁니다.

저는 이런 식으로 봅니다. 시장은 아주 좋아 보이는데 제 거래 기준에 부합하는 주식이 없으면 아무것도 사지 않아요. 그러니까 최종 선고는 주식이 하는 겁니다. '시장'이나 주요 지수를 완전히 무시하고 주식 자체에만 집중하면 대부분 트레이더들이 트레이딩을 훨씬 더 잘할 거라고 생각합니다. 저는 추세 전환점을 일부러 찾아보지는 않는데, 공교롭게도 시장 전환 시기를 상당히 잘 맞힙니다. '시장'에서 채널을 돌려 주식에 채널을 맞췄을 때 얼마나 전환점을 잘 맞힐 수 있는지 알고 나면 아마 놀랄 거예요.

라이언 시장이 상승 추세에 있지 않다면 10퍼센트가 아닌 5퍼센트 포지션으로 시작할 것 같습니다. 거래가 잘 진행된다면 재빨리 포지션을 추가하겠죠. 여러분이 알아야 할 것이 있는데, 많은 경우 주도주들이 시장이 상승세로 전환되기 수개월 전에 돌파세를 보입니다.

쟁거 주식이 예전에 얼마나 강세를 보였는지, 또 실적 발표에서 이익이 났는지, 유동성은 어떤지 그리고 다른 주식은 시장에서 어떻게 움직이고 있는지 등 여러 요소에 따라서 FTD 이전에 매수할지 여부를 결정할 겁니다. 답은 "예"라고 할게요. FTD 훨씬 전이라도 주도주를 살 겁니다. 단 거래량이 상당하고 회사의 이익도 놀라울 정도로 잘 나왔을 경우에 한합니다.

매수를 하더라도 포지션을 다 채우기보다는 50퍼센트를 매수할 겁니다. 그리고 다른 주도주에서 추세를 확인하거나 FTD를 기다릴 가능성이 높습니다. 많은 FTD가 실패한다는 것 그리고 만병통치약이 아니라 독이 될 수도 있다는 걸 잊으면 안 됩니다.

릿치 2세   현금을 보유하고 있었거나 매우 방어적인 태세였다면 저는 항상 '물에 발만 담그는' 마음가짐을 먼저 갖습니다. 시장의 움직임이 확인되기 전에 매수에 들어가지만 평소보다 적은 위험노출 금액만큼만 사고, 한두 개의 포지션에서 수익이 나기 시작하면 그때 다소 빠르게 위험노출 금액과 허용 위험 수준을 높일 겁니다.

MOMENTUM MASTERS

MOMENTU

진입 요건

MASTERS

MOMENTUM MASTERS

매수를 고려할 때
주식의 어떤 측면을 관심 있게 봅니까?

미너비니   펀더멘털 관점으로는 박스권 탈출 후 더욱 가파른 상승세를 보이
는 이익성장률을 관심 있게 봅니다. 이익 성장이 분기마다 가속되
고, 성장세가 도드라진 '돌파의 해ᵦᵣₑₐₖₒᵤₜ ᵧₑₐᵣ'가 보여야 합니다. 매
출 또한 증가해야 합니다. 기술적 분석 측면으로 본다면, 낮은 위
험의 진입 지점들을 관통하는 견고한 베이스에서 나온 후 상대적
으로 잘 버티는 주식을 사고 싶습니다.

라이언   저는 주식이 과거에 강한 움직임을 보인 적이 있었는지를 봅니다.
많은 경우 처음 움직임이 나올 때는 매수하지 않고, 두 번째 또는
세 번째 나온 움직임에서 들어갑니다. 소폭의 가격 범위에 형성된
베이스에서 매물이 말라가는지도 봅니다. 이런 움직임과 더불어

펀더멘털적으로 훌륭하고 강세 그룹에 속한 회사라면 저의 관심을 끌 겁니다.

쟁거   움직임이 굉장히 좋고, 강세 그룹에 있으며, 여기에 우수한 이익과 매출 성장세를 갖춘 주식이라면 항상 관심을 가질 겁니다. 거기다 환상적인 차트 패턴까지 결합된 주식이 있다면, 저에게 보여만 주세요. 주식이 베이스를 떠날 때 큰 트럭에 가득 실어 갈 테니까요.

릿치 2세   저는 이익과 매출이 명확하게 잘 나오는, 축적 단계에 있는 주식을 찾습니다. 그러니까 기술적으로 봤을 때 주가가 거래량의 지지를 받는, 장기 상승 추세였다가 질서 정연하게 통합 구간으로 들어가야 합니다.

한 번에 매수하나요, 아니면 부분 매수 후 점진적으로 추가 매수하나요? 주가가 좋지 않게 움직일 때는 점진적으로 매도하나요, 아니면 한 번에 모두 파나요?

미너비니 　시장의 맥을 짚기 위해 아주 조금만 사고, 잘 진행된다 싶으면 거기서부터 규모를 조금씩 늘립니다. 거래가 원하는 대로 흘러가면 바로 포지션을 모두 채웁니다. 거래가 잘 될 때는 한 큐로 점수를 다 빼는 당구 선수처럼 거래합니다. 하지만 대부분의 경우는 점진적으로 포지션을 늘려 가면서 감을 잡습니다. 그럴 때는 추가 매수를 하기 전에 주가가 상승으로 마감하는지를 확인하기 위해서 장이 거의 끝날 때까지 기다리기도 합니다.

라이언 　저는 항상 점진적으로 매매합니다. 먼저 포지션의 5퍼센트를 사고, 거래 마감을 한 시간 남겨 두고 10퍼센트로 늘리는 식입니다. 만약 강한 상승세로 마감하지 못한다면 상승세가 이어지는지를 확인하기 위해 다음 날까지 기다릴 겁니다. 상승세가 이어진다는 판단이 들면 서둘러 10퍼센트로 포지션을 늘릴 거고요. 매도는 모든 종류의 지지선이 깨지지 않는 한 점진적으로 합니다. 만약 지지선이 모두 깨지는 상황이면 한 번에 팝니다.

쟁거 회사가 엄청난 이익을 냈고 마감 후 거래 시간에 갭 상승이 나왔다면, 해당 종목을 베이스의 5퍼센트 이내 가격으로 매수할 겁니다. 그다음 날 그리고 실적 발표 컨퍼런스 콜 후에는 주식 수를 두 배로 늘리고 주가가 잘 버티는지 확인할 겁니다. 이때 제가 바라는 건 주가가 일주일 정도 그냥 앉아 있다가 불 플래그 패턴이나 채널을 형성하는 건데, 그렇게 된다면 추가로 매수합니다.

유동성이 전부일 정도로 중요하기 때문에 트레이딩을 크게 하는 사람들에게 점진적 매수는 매우 전형적인 방법입니다. 거래량이 아주 많은 상태에서 브레이크 아웃이 나타나면 물량의 40퍼센트를 살 겁니다. 거래량 및 가격 움직임이 계속해서 우호적이라면 당일 추가로 20퍼센트 정도를 더 살 수도 있습니다. 저는 보통 추가로 매수하기 전에 하루 이틀은 기다립니다. 만약 처음 매수한 다음 날 주가가 삼삼하다면, 좁은 베이스 형성 후 상승세가 재가속되고 신고가를 갱신하는 것을 확인한 후 추가 매수를 할 겁니다. 반대로 주가가 지지부진하다면 앞서 말한 순서의 반대로 포지션을 줄일 겁니다. 어떤 경우에는 예를 들어, 주가가 추락하거나 아주 변덕스럽다면 점진적으로 줄이지 않고 물량을 한 번에 모두 던져 버릴 수도 있습니다.

릿치 2세   저는 보통 시험 매수 후 점진적으로 늘려 가는데, 거래가 어떻게 진행되었는지 또 기술적인 여건이 어떻게 조성되었는지에 따라 상당 부분 달라집니다. 너무 일찍 매수한다고 느낀다면 작은 규모로 사고 추가 매수를 생각할 겁니다. 거래가 잘 풀리고 상황이 각별히 마음에 들 때만 포지션을 '가득' 채워 매수합니다. 일반적으로 매도에 있어서는 포지션이 클 경우 점진적으로 합니다. 다만 스톱 가격에 여유가 없고 포지션에서 나가야 할 게 확실하다면 한 번에 다 정리해도 전혀 문제되지 않습니다.

브레이크 아웃이 나타났을 때 돌파 가격보다 얼마나 높은 가격에서 매수하나요? 혹은 종가가 나올 때까지 기다리시나요?

미너비니   저는 장중에 삽니다. 변곡점이 깨지면 저는 들어갑니다. 제가 생각한 매수 가격보다 일반적으로 2, 30센트 높습니다.

라이언   주식이 돌파하는 곳에 돌파점을 찍는다고 했을 때 저는 그 가격보다 1센트 비싸게 삽니다. 장중에 브레이크 아웃이 형성되면 작은 포지션으로 매수하고, 그날 가격 거래 폭의 상반 구간에서 종가가 나오길 기다렸다가 나머지 포지션을 매수합니다. 만약 베이스가 완벽하게 형성되었고 거래량도 많다면 장중에 매수를 할 겁니다. 또한 거래량이 크게 늘면서 가격이 고점에 가깝게 마감될 것 같으면, 첫날 포지션의 5~10퍼센트가 될 때까지 추가 매수할 겁니다.

쟁거　종가를 기다리면 주식은 다 떠난 지 오래일 수 있습니다. 브레이크 아웃이나 변곡 구간보다 10, 20센트 높은 가격대에서 매수하고, 주가가 어떻게 반응하는지를 봅니다. 거래량이 있고 전체 시장이 금방 움직인다면 인정사정 볼 것 없이 추가로 담습니다.

시장 움직임의 막바지에 놓인 베이스는 실패하는 경우가 너무 많습니다. 그래서 큰 규모로 거래하기에는 다소 위험합니다. 따라서 이 후기 베이스에서 사야겠다면 연타로 얻어맞지 않도록 포지션을 작게 가져가야 한다는 걸 잊지 맙시다. 시장과 주식이 각각 어느 구간에 있는지를 종합해서 볼 때 가장 잘 맞힐 수 있습니다. 때때로 2개월에서 6개월 동안 한 번도 거래하지 않는 상태로 큰 트레이딩 기회가 생기기를 바라며 시간을 보내기도 합니다.

트레이더의 가장 큰 실수가 매일 거래 몇 개는 해야 한다고 생각하는 건데요. 여기저기 주식에 몇 천 주씩 갖고 있는 소수의 노련한 트레이더들에게는 이런 방식이 통할지 모르지만, 최소한 저는 아니에요. 큰 규모로 거래하려면 엄청나게 견고한 베이스를 형성하고 난 후 하루에 수백만 주가 거래되며 폭발적으로 상승하는 주식이 필요합니다. 1~3개월간 매일 동일한 수준으로, 인상적일 정도로 많은 거래량이 따르는 거래가 계속되어야 합니다.

릿치 2세　매수를 하려고 장 마감 때까지 기다리는 일은 거의 없습니다. 기술적으로 명확한 가격 포인트가 있을 때는 종가가 브레이크 아웃 가격대보다 높은지를 확인하기는 합니다. 자주 중요하다고 생각하는 가격에 알람을 맞춰 놓고 포지션에 들어가기 전에 주식이 어떻게 움직이는지를 보겠죠. 보통 매물로 나온 주식이 많은 건 좋

아하지 않습니다. 매물이 많으면 거래가 방향성을 갖고 움직일 준
비가 안 되어 있을 가능성이 높기 때문입니다.

현금 보유 상태에서
전액 투자 단계까지 어떻게 넘어갑니까?

미너비니 주식이 저를 안내하도록 내버려 둡니다. 주가가 거래 요건을 충족하고 매수 포인트를 따라 움직이면 저는 순차적으로 사들입니다. 저는 '선호 종목'을 기다리지 않습니다. '선호 종목'이 떠오르기를 기다리다가는 폭발적으로 상승하는 시장 주도주가 탄 배를 놓칠 수도 있습니다. 우리는 중립적이고 불가지론자가 되어야 합니다. 차트와 리서치를 믿고 기준을 충족시키는 주식을 사세요. 여러분의 의견은 결국 비싼 값을 치르게 만들 겁니다.

라이언 살 만한 주식을 얼마나 많이 찾았는지 그리고 시장이 어떤지에 따라 전적으로 달라집니다. 시장의 방향이 전환되었다고 느끼는데 매수할 주식을 10개도 못 찾았다면 SPY(미국 스테이트스트리

트글로벌어드바이저_{State Street Global Advisor}가 운용하는 S&P 500 지수 추종 ETF—역주)나 QQQ(미국 인베스코캐피탈운용_{Invesco Capital Management LLC}이 운용하는 S&P 500 지수 추종 ETF—역주)를 사서 시장에 참여합니다. 그리고 나서 브레이크 아웃이 나타나는 주식을 찾을 때마다 ETF 보유분을 덜어 냅니다.

쟁거 유동성이 가장 좋은 높은 베타_{High Beta}(시장 대비 개별 주식의 변동성을 베타값으로 측정하는데 1.0보다 크면 시장 대비 변동성이 높은 주식이다—역주) 주식을 지켜본다면 전액을 투자하기가 보다 쉬워집니다. 시장이 조정 단계를 벗어나고 있다면 점진적으로 매수할 시간은 충분한 겁니다. 제가 2, 3일 안에 보유 자금의 80퍼센트를 투자했다면, 정말 중대한 한 수를 놓았다는 뜻입니다. 요즘 같은 때라면 마진을 써서 모든 투자금을 거는 건 대단히 강력한 상승세의 장에서만 고려할 겁니다.

릿치 2세 저에게는 기술을 배우고 연마해야 하는 영역이고, 제가 아직도 향상시키고 싶은 첫 번째 부분입니다. 경험상 현금 보유 상태를 떠날 때가 가장 큰 기회이자 동시에 가장 큰 위험입니다. 이 둘의 차이를 알 수 있는 단 하나의 방법은 시장이 움직이며 내는 소리에 귀를 기울이는 거예요.

두 종목을 샀고 둘 다 즉시 상승한다면 저는 더 공격적으로 거래량과 위험노출 금액을 늘릴 겁니다. 비슷한 논리로 제가 처음 투자하는 종목들이 상승하지 않거나 스톱 가격에서 손절매되면, 그때부터 저는 반대로 할 겁니다. 시장에 따라 투자 금액이 알아서

늘고 줄도록 내버려 두면 임의로 내리는 결정에 따라 투자할 때
보다 더 나을 겁니다. 그리고 경험상 이 방식으로 투자했을 때 좋
은 결과를 얻었습니다.

많은 주식을 거래할 때 어떻게 관리합니까? 만약 15개 중 4, 5개의 관심 종목에서 브레이크 아웃이 나온다면 어떻게 하나요?

미너비니　30년이 넘게 트레이딩하면서 정확히 같은 시간에 종목 5개에서 동시에 브레이크 아웃이 나온 적은 없습니다. 때때로 몇 개가 시간적으로 매우 근접해서 나올 때는 있어요. 물론 항상 브레이크 아웃 가격에 지정가 스톱매수 주문Limit Buy Stop Order(매수할 때 지정가와 역지정가를 동시에 지정해서, 역지정가 가격에서 매수를 시작하고 주가가 올라 지정가까지 올라가면 지정가에서 매수를 멈추는 주문 유형—역주)을 걸어 놓을 수 있습니다.

라이언　저는 매수 또는 추가 매수할 모든 종목에 알람을 설정합니다. 만약 모두 동시에 돌파세를 보이면, 회사의 이익과 종목의 과거 가격 상승 실적을 기준으로 높은 것부터 순서대로 삽니다.

쟁거   요즘은 브로커에게 직접 말로 시장가 주문을 넣거나 지정가 주문을 하지 않습니다. 예전에는 필요할 때 재빨리 움직일 수 있도록 브로커와 플랫폼을 여러 개씩 이용했습니다. 지에스플랫폼GS Platform과 레디플러스RediPlus가 제공하는 소나Sonar, 또 비티아이지 증권BTIG Brokerage에서 제공하는 베이트레이드Baytrade 플랫폼 같은 알고리즘Algorithmic Trading(컴퓨터 프로그램을 바탕으로 한 자동 거래. 줄여서 알고라고도 함—역주)을 쓰기도 했습니다. 하지만 결국 주가 움직임을 더 잘 느낄 수 있다는 이유로 수동 트레이딩을 선호하게 되었죠. 제 브로커와 저는 체계를 만들어 놓았고, 그래서 대부분 제가 원하는 만큼 충분히 빨리 움직일 수 있습니다.

릿치 2세   관심 종목군 중 얼마나 많은 종목이 좋은 움직임을 보이고 제가 중요하다고 생각하는 가격 포인트를 치는지를 알고 싶기 때문에, 살 가능성이 있는 모든 종목에 알람을 설정합니다. 추가적으로, 하루를 시작할 때 이미 사야겠다 싶은 종목도 있고, 전체적인 포지션과 기존 거래 진행에 따라 매수가 가능한 종목도 있습니다.

꼭 사야 한다고 결정한 종목이라면 어떤 상황이건 개의치 않고 사고, 위험 허용 한계치 및 보유 현금 기준으로 매수 가능한 금액 대비 더 많은 종목이 돌파세를 보이면 제 기준에 따라 상위 종목들만 매수합니다.

최종적으로, 가끔 안 풀리는 종목 포지션의 부분 또는 전부를 팔아서 브레이크 아웃이 일어나고 있는, 제가 더 좋아하는 종목 포지션을 확보하는 것도 고려할 겁니다. 하지만 보통 저는 주식이 스스로 어떤 걸 사야 하는지를 말하도록 놔둡니다. 제 경험상 잘 풀리고 있는 종목을 사면 보통 원하는 결과에서 너무 멀리 떨어져서 끝나지는 않더라고요.

진입 시점을
어떻게 정의합니까?

미너비니   저는 리버모어Jesse Livermore(19세기 후반과 20세기 초반에 활동한 미국
의 전설적인 트레이더—역주)가 말하는 최소 저항선을 찾습니다. 최소
저항선이란 매물이 더 이상 시장에 나오지 않을 때까지 충분히
성숙한 가격 구간을 말합니다. 매물이 제한적이고 종목에 대한 수
요가 크면 폭발적인 가격 움직임이 나와요.

라이언   제가 이용하는 진입 지점은 두 개입니다. 하나는 주가가 고점과
가깝게 있을 때, 다른 하나는 주가에 풀백이 있을 때예요. 브레이
크 아웃이 나타나고 주가가 최근 횡보 가격대 대부분을 돌파할
때 삽니다. 꼭 신고점일 필요는 없지만, 신고점 근처에 형성된 횡보
구간의 상위 90~95퍼센트 가격대에는 있어야 해요. 또 다른 진입

지점은 주가가 후퇴하고 다시 오를 때인데, 아직 고점 대비 15퍼센트 낮은 가격까지 상승하지 않았을 때입니다. 이 진입점에서는 이동평균선이나 추세선, 모멘텀 관련 지표 같은 기술적 지표를 몇 개 더 사용합니다.

쟁거   엄청난 거래량이 받쳐 주는 사상 최고가가 최고의 진입 구간입니다. 시장이 과매도 상태이거나 조정에서 벗어나 회복 중이라면, 주요 추세 전환 막대 차트 또는 하락 채널 혹은 웨지Wedge(한쪽이 좁아지는 쐐기형 모양으로 추세의 향방을 알려 주는 차트 패턴—역주)를 찾아야 합니다.

릿치 2세   제 트레이딩 기록을 살펴보신다면 트레이딩 대부분이 추세와 같은 방향으로 52주 신고가의 5퍼센트 이내 가격에서 실행된 게 보일 거예요. 가끔은 더 단기로 조정이 일어나는 구간대에서도 보일 겁니다.

최근 손실을 본 종목을
거래하기도 하나요?
여러분의 재진입 계획은
무엇입니까?

미너비니   네. 이전에 손절매로 자동 정리된 주식에도 자주 다시 들어갑니다. 물론 해당 종목이 저위험 진입 지점을 다시 만들고 있을 때에 한합니다. 저는 자동 정리되었다고 해당 종목을 관심 목록에서 바로 지우지 않습니다. 다양한 거래 패턴들과 기술을 갖춰야 하는 이유죠. 이는 공구함을 가진 것과 비슷합니다. 망치만 갖고 집을 지을 수는 없죠. 온갖 종류의 도구를 써야 작업을 마칠 수 있어요. 저는 재진입 요건이 복원된 패턴을 두 개의 그룹으로 나눕니다. 하나는 피봇 실패 복원이고, 다른 하나는 베이스 형성 실패 복원입니다. 피봇 실패인 경우 매우 빨리, 때때로 며칠 만에 회복할 수 있습니다. 베이스 형성 실패는 구간 깨짐이 얼마나 심각했는지에 따라 보통 몇 주에서 몇 달까지 걸립니다.

라이언   두 번 스톱으로 자동 정리된 거래에 세 번째로 돌아가서 엄청난 수익을 거둔 적이 있습니다. 제가 재진입할 때는 주가가 기술적으로 거래 요건을 다시 충족하며 정렬할 때입니다. 첫 브레이크 아웃이 일어날 때 매수했는데 주가가 베이스로 돌아갈 수도 있습니다. 베이스에서 더 오래 머물면, 두 번째 혹은 세 번째로 구간의 고가를 향해 갈 때 저는 아마 다시 해당 종목을 시도해 볼 겁니다.

쟁거   합니다. 심지어 많이 합니다. 일반적으로 주식이 베이스를 다시 형성하는 데까지 몇 주에서 몇 달 혹은 그 이상 걸릴 수 있어요. 브레이크 아웃 구간에서 어려움을 겪는 게 분명한 만큼, 나오고 나서 며칠 만에 다시 종목에 들어가지는 않을 겁니다.

릿치 2세   물론이죠. 일반적으로 저는 프로와 초보 트레이더의 주요한 차이가 본인들에게 유리하게 돌아가지 않았을 때 그 특정 시장에 대해 생각하는 방식에 있다고 생각합니다. 초보는 한 번 시도해 보고 성공적이지 않을 때 포기하지만, 프로는 몇 번 연속으로 실패한 종목이나 시장에 다시 들어가는 것에 조금의 거리낌이 없습니다. 초보들은 특정 시장이나 주식이 작정하고 본인에게 손실을 끼쳤다고 생각합니다. 하지만 제 사고방식으로 보자면, 생각은 맞았지만 스톱을 너무 일찍 혹은 빡빡하게 걸었던 거고, 그러니 종목이 심하게 떨어지지만 않으면 재진입을 위해 해당 종목을 레이더 망에 남겨 둘 겁니다.

거래가 예상치 못하게 종료된 후
당일 주가가 최초 진입 가격을
다시 치면 어떻게 하나요?

미너비니 어떤 때는 자동 손절된 종목에 당일 다시 들어가겠죠. 이는 전적으로 종목이 어떻게 거래되는지에 달려 있어요. 이런 경우는 장중에 일어나는 움직임에 따라 발생하기 때문에 '시세표'가 어떻게 흘러가는지를 감지하는 감에 더 영향을 받습니다.

라이언 진입 가격에 너무 가깝게 스톱을 설정해 놓았는지를 확인해 볼 겁니다. 하루 만에 일어난 일이라면 변동성이 아주 심한 종목일 테고, 그렇다면 제가 소화할 수 있는 종목이 아닐 겁니다. 변동성이 큰 주식은 '눈이 빠지게' 들여다봐야 하는 경우가 많기 때문에, 이런 종목은 다른 투자자들에게 양보하는 게 좋습니다. 물론 거래 요건이 다시 형성되면 언제든지 다시 살 수 있어요.

쟁거 예전에는 몇 번 있었지만 요즘에는 이런 일이 잘 일어나지 않습니다. 이런 경우의 대부분은 더 적은 주식 수로 거래하던 인터넷 버블 시기에 있었는데, 빡빡한 스톱 가격에 매도하고 주가가 신고가를 만들면 다시 들어가곤 했어요.

물론 이런 류의 거래는 매우 긴밀하게 지켜봐야 합니다. 안 그러면 완전히 나가떨어지는 수가 있어요. 과거에는 종목 선택을 잘해서 들어가면 주가가 다음 날 12~25달러 갭 상승하고, 또 다음 며칠간 50달러 이상 더 올라가기도 했죠.

릿치 2세 저는 들어간 당일, 강제 종료된 거래 종목에는 거의 다시 들어가지 않습니다. 보통 하루 이틀 기다리면서 상황을 재평가합니다. 때때로 종목 보유량을 늘리거나 줄이기도 하지만 포지션을 완전히 다 정리했다면 거의 항상 다음 날까지 기다립니다.

모멘텀 주식에 들어갈 때 풀백을
이용해야 한다고 생각하나요?

미너비니   저는 20일 또는 50일 이동평균선으로 사곤 합니다. 일반적으로
견고한 통합 구간에서 나온 브레이크 아웃 이후 주가가 처음 또
는 두 번째로 이동평균선으로 후퇴할 때 살 겁니다. 하지만 풀백
에 사더라도 주가가 다시 상승할 때 사지, 하강할 때는 절대 사지
않아요. 주가는 저의 트레이딩 방향과 같은 방향으로 움직여야 합
니다. 유념하세요. 트레이딩이 주가가 후퇴할 때 사면 되는 쉬운
거였다면 모두가 부유한 트레이더가 되었겠죠. 이 방법은 매우 명
확하고 기본적인 트레이딩 방법이고 어떤 때는, 특히 강세장으로
전환되는 초기 주도주에서 수익을 낼 수 있습니다.

라이언   풀백에서 살 수 있지만 이동평균선일 필요는 없습니다. MACD

나 스토캐스틱 같은 지표가 주가가 후퇴한 후 다시 올라갈 준비가 되었을 때 꽤 잘 알려 줍니다. 저는 주가가 후퇴할 때 가격 및 거래량의 특징을 주시해서 풀백이 끝났는지 확인할 수 있는 또 다른 신호도 찾습니다. 풀백에 사는 것이 브레이크 아웃에 사는 것보다 좀 더 복잡해요.

쟁거 강세에 있던 주식이 10일 또는 21일 이동평균선까지 후퇴한다면 이상적인 상황일 겁니다. 저는 가장 강한 모멘텀을 가진 주식들이 이들 이동평균선의 지지를 받고 반등한다는 걸 알게 되었어요. 50일, 150일 이동평균선도 잘 맞을 수 있지만 풀백 매수를 고려한다면 저한테는 10일, 21일 이동평균선이 가장 좋습니다.

릿치 2세 이동평균선에서 주식이 어떻게 움직여야 하는지에 대한 아이디어와 계획이 있는 한 물론입니다. 한 예로, 이동평균선 가격 또는 그 근처 가격에 지정가 매수 주문을 맹목적으로 걸어 놓지는 않겠지만, 평균 주가 대비 어떻게 움직이는지 지켜보고 평균선에서 튀어오르면 사겠죠.

맹목적으로 매수하면 평균 주가가 지지하지 않는 상황 모두에서 틀림없이 손실을 보게 됩니다. 반등을 기다리면 '떨어지는 칼'은 피하게 되죠. 조금 더 비싼 값을 치러야 할 수도 있지만, 트레이드 성공 가능성을 생각하면 싸게 사는 것보다 이게 더 낫습니다.

수익률이 높은 종목을 추가 매수하는
것에 대해 해 줄 조언이 있나요?

미너비니 수익률이 높은 종목의 포지션을 추가로 매수하는 것보다는 처음부터 최적의 포지션 규모로 적절한 타이밍에 매수하는 것을 좋아합니다. 일반적인 매수 규모보다 작게 시작했고, 첫 진입 이후 새로운 저위험 진입 시점이 출현한다면 추가 매수를 할 겁니다. 이른 아침 매수를 시작하고 장 마감 시각15~30분에 강한 상승세가 있다면, 포지션을 다 채울 때까지 위험노출 금액을 늘리기도 할 겁니다.

라이언 초기 매수 이후 가격 움직임이 모든 걸 좌우합니다. 거래량이 계속 괜찮게 나오면 포지션을 늘릴 겁니다. 가격이 정체되고, 마감 때 거래량도 줄고 부진하면 포지션을 늘릴 필요가 없죠. 저는 이미 수익을 내고 있는 종목만 추가합니다.

일 년에 한두 개 좋은 종목만 있으면 훌륭한 투자 실적을 낼 수 있지만 잘 통제해야 합니다. 추가 매수는 첫 번째 움직임 이후 새로운 베이스를 형성했을 때만 합니다. 물론 따라오는 다음 베이스들에서 또 추가할 수 있습니다. 움직임이 길 때는 포트폴리오의 20~25퍼센트까지 포지션을 쌓게 될 수도 있습니다. 이 정도 크기의 포지션은 가격 상승과 베이스가 계속 만들어지면서 이에 따른 추가 매수로 만들어집니다.

쟁거 수익률이 높은 종목을 추가 매수하는 건 기본적으로 평균가를 높이는 겁니다. 만약 투자 등급 하향 또는 2차 공모 때문에 주가가 급락하면 눈 깜짝할 사이에 손실 계정으로 전환될 수 있어요. 거래량과 시장이 좋다면 변곡점 가격 혹은 그보다 실낱만큼만 더 높은 가격에 사서 상승을 기다리세요. 강세가 지속되고 거래량이 있는 상승 구간에 있을 때 파세요. 월가는 분명 주식에 굶주려 있을 거고, 엄청난 거래량으로 신속하게 주가를 밀어 올릴 겁니다. 저는 이런 주식에 브레이크 아웃이 올 때 대량으로 들어가고, 며칠 쉰 후 추가 매수할 겁니다.

릿치 2세 실제로 어떤 방법을 성공적으로 많이 해 보지 않으면, 그 중요성을 진심으로 이해하지 못한다고 생각해요. 대부분 사람들은 거의 모든 경험과 관련해서 인간의 본성상 뒤를 돌아보게 되어 있습니다. 그래서 무언가를 낮은 가격에 소유하면 그걸 더 높은 가격에 더 사는 걸 잘못하는 거라고 느껴요. '기회가 있었을 때 싸게 더 살걸' 하는 생각이 들기 때문이죠.

제가 주가가 처음 진입한 가격 혹은 그 이하로 후퇴했을 때만 추가로 매수했다면, 제가 경험한 최고의 트레이드는 거의 전부 없어지고 최악의 트레이드 목록만 늘어날 겁니다. 다음 방법을 머리에 잘 새기고 몸에 밸 때까지 여러 번 실제로 경험을 해 봐야 할 거예요. 위험을 많이 추가하지 않도록 피라미딩을 하는 겁니다. 기존 거래 수익을 추가 매수에 이용해서 전반적인 위험 대비 수익을 훨씬 높이세요.

갭이 나올 때 매수하나요?
만약 그렇다면 개장 후 여러분의
매수 지점을 벗어나는 곳에
갭이 형성되면 어떻게 할 건가요?

미너비니 보통 저는 갭을 뒤쫓지 않습니다. 제 매수 지점보다 몇 퍼센트 이상의 차이로 갭 상승이 일어났다면 해당 종목은 건드리지 않을 겁니다.

제가 좋아하는 유형의 갭 거래는 실적 발표 후 커다란 베이스 위로 갭이 뜨고, 변곡점에서 너무 멀지 않은 가격대에 들어가는 겁니다. 실적이 정말 좋으면 주가가 훨씬 더 오르고 저에게도 수익을 바로 안겨 줄 거예요. 2012년 2월 16일과 2012년 6월 26일, 카벨라스Cabela's, CAB 실적 발표가 나왔을 때 그랬습니다(차트 7.1 참조).

반면 전일 저가보다 낮게 갭이 뜨면 주가가 잘못된 방향으로 흘러가는 거고, '상승장악형'Bullish Engulfing Pattern(막대 차트 패턴 중 당일 가격 고점이 전 고점보다 높고 저점은 전 저점보다 낮아서 당일 막대가 전일

차트 7.1 카벨라스, 2012

CAB 일별 차트 —
9/21/12

실적 발표에 따른
매수 가능 갭 출현

실적 발표에 따른
매수 가능 갭 출현

거래량 —
©BigCharts.com

8월 9월 10월 11월 12월 1월 2월 3월 4월 5월 6월 7월 8월 9월

막대를 완전히 장악한 것처럼 보이는 가격 패턴. 상승 전환 신호로 해석한다
—역주)이라고도 불리는 '외출일Outside Day' 패턴을 만들어야만 할 겁
니다. 만약 예상치 못한 갭을 만들면 무릎 반사 반응을 하듯이 바
로 뛰어 들어가지 않도록 주의합니다. 저는 계획대로, 마음속에
그려 놓은 대로 일이 풀려 가기를 바랍니다. 저는 서프라이즈를
좋아하지도, 그에 거의 반응하지도 않습니다.

라이언　저는 매수 지점을 벗어난 갭은 거의 사지 않고, 종목이 펀더멘털
측면에서 굉장한 특징을 보일 때만 삽니다. 주가가 당일 거래 가
격 범위 내에서 어느 지점에서 마감하는지 보기 위해 장이 끝날
때까지 기다립니다. 강세로 마감했다면 매수에 들어가고, 당일 저

점 가격에 스톱을 설정할 겁니다. 만약 그렇지 않는다면 갭이 일어난 날 가격 고점을 뚫고 올라갈 수 있는지를 지켜볼 것 같아요. 보통은 주가가 며칠 후 갭이 일어난 날의 고점을 뚫고 상승하겠지만, 만약 그렇지 않다면 지켜보고 적절한 베이스를 만들 때까지 기다립니다.

쟁거 네, 저는 갭이 제 매수 지점과 너무 떨어져 있지만 않으면 갭에 매수합니다. 일반적으로 저는 주가가 제 매수 지점보다 5퍼센트 이상 높다면 사지 않습니다. 이렇게 높은 갭이 나타나는 상황에는 작은 베이스가 생길 때까지 기다렸다가 거래량이 늘면서 주가가 베이스의 변곡 가격대 위로 올라가면 살 겁니다.

원칙을 깼던 경우가 몇 번, 정말 몇 번 있었습니다. 한 예로, 페이스북, 구글 같은 거대 규모의 글로벌 회사가 상장 후 얼마 지나지 않아 크게 이익 예상치를 웃도는 실적을 발표했을 때예요. 첫 갭이 떴을 때 주식을 '쓸어 담았다'고 할 정도로 매수하지는 않고, 대신 제가 평소 매수하는 규모의 20퍼센트만 사고 다음 날 움직임을 볼 겁니다. 갭이 잘 유지된다는 가정 아래 상황이 안정되어 보이면 매수할 물량의 대부분을 둘째, 셋째, 심지어 넷째 날에도 살 겁니다.

2014년 4월 22일 실적 발표 후 장 개시와 함께 갭 상승이 떴을 때 저는 넷플릭스Netflix를 샀습니다. 그날 하루 거래 가격 범위의 중간쯤 가격에서 장이 끝났습니다. 바로 다음 날 가격 방향이 뒤집혀서 저점에서 마감했고, 저는 그날 일부를 팔았습니다. 다음 날 가격이 계속 하락했을 때 6퍼센트 손실로 포지션을 정리했습니다.

되돌아보면 거래 요건이 제대로 갖춰지지 않았고 제가 너무 일찍 무리하게 거래에 들어갔어요.

릿치 2세   갭이 떴을 때 매수하는 두 가지 시나리오가 있긴 하지만, 웬만하면 갭에는 매수하지 않습니다. 첫 번째 시나리오는 갭이 의도했던 브레이크 아웃 가격대를 지나쳤지만 아주 멀리는 가지 않아서 손절 범위가 너무 넓지 않은, 그러니까 일반적으로 몇 퍼센트 차 정도인 거고요. 다른 시나리오는 회사가 경이적인 실적을 냈다고 생각할 때 매우 엄격한 스톱 가격으로 갭에 매수하고, 앞으로 빠른 시간에 가격이 상승할 거라고 믿는 겁니다.

MOMENTU

위험 관리

스톱 가격 배치를
어떻게 결정하나요?

미너비니 기술적으로 봤을 때 받아들일 만한 위험이라고 판단되면 차트가 악화되지 않는 한 보유하려고 합니다. 반면 위험이 너무 큰, 변동성이 큰 종목의 경우 비율로 스톱 가격을 결정합니다. 때때로 금액 기준으로 바꿔서 일정 위험노출 금액으로 고정해 놓기도 하는데, 그러면 포지션 규모도 따라서 재조정합니다.

라이언 손실률 기준으로 구하거나 종목의 최근 지지선 근처 가격으로 정합니다. 매수 지점 바로 아래 적당한 베이스가 있다면 거래에서 나가야 할 절대적인 가격을 알려 주는 것이니 가장 좋습니다.

쟁거 합리적인 스톱 가격 결정을 위해 하는 첫 번째 작업은 차트에서 일봉의 바닥점을 연결하는 상승 추세선을 그리는 겁니다. 그리고 나서 비교적 빠르게 움직이는 10일이나 21일 이동평균선을 찾아봅니다. 이들 중 하나가 깨지면 저는 보통 매도하거나 보유량을 줄입니다.

릿치 2세 트레이딩 관련 요소를 행렬표로 만든 트레이딩 매트릭스부터, 특히 저의 승패율 부분부터 시작합니다. 백분율 기준으로 위험 가중치를 둔 평균 승패율이 좋게 유지되도록 계산하는데, 보통 한 자릿수 중간 퍼센트로 평균이 맞춰지도록 스톱을 정합니다. 추가적으로 말씀드리면, 제가 제대로 매수하고 시장이 잘 움직일 경우 차트는 매수 가격 아래 3~10퍼센트 미만에서 깨지기 시작합니다.

총자본금의 최대 위험 허용치를
비율로 정해 놓은 게 있나요?

미너비니 네, 자본금의 2.5퍼센트 이상은 위험에 노출시키고 싶지 않습니다. 저는 평균적으로 거래 하나당 총자본금의 0.75~1.25퍼센트를 위험에 노출합니다. 이걸 이해하는 간단한 방법은, 만약 25퍼센트짜리 포지션을 매수한다면 손절 가격을 10퍼센트로 설정하는 겁니다. 그러면 전체 자본금의 2.5퍼센트를 위험에 노출시키는 겁니다. 5퍼센트 손절 가격이라면 총자본금의 1.25퍼센트일 거고요.

라이언 10퍼센트 포지션 규모의 10퍼센트 손실에 해당하는 최대 1퍼센트일 겁니다. 저는 단지 한 포지션이 전체 포트폴리오에 큰 실패를 초래하지 않기만 바랍니다.

쟁거 위험노출 자본금은 전체 포트폴리오의 20퍼센트로 제한할 겁니다. 개별 주식 관점으로 보면 1~3퍼센트로 제한하려고 노력합니다.

릿치 2세 네, 하지만 여러 가지 요소에 따라 결정됩니다. 첫 번째 그리고 가장 중요한 건 거래가 어떻게 진행되고 있느냐예요. 계속해서 손실을 냈거나 힘겨운 시간을 보내고 있다면 포트폴리오 전체에 보통 100bps 이상은 설정하지 않고, 나중에 발을 디디고 설 만해지면 포지션 개수를 늘리거나 기존 포지션을 추가 매수합니다.

거래가 잘 풀리면 보통 보유분의 200~300bps 그리고 이익 실현을 했거나 확실히 손익분기점 위에 있는 종목들은 거래 위험의 500bps까지 늘릴 건데, 다시 말씀드리지만, 직전 거래들이 성공적이었을 때에 한합니다.

MOMENTUM MASTERS

엄격하게 스톱 가격을 설정해 놓았는데 갭이 출현하고, 결국 하룻밤 보유해야 하는 경우의 위험을 어떻게 관리하나요?

미너비니　매일 밤 모든 포지션을 정리하고 가지 않는 한 갭 리스크는 항상 존재합니다. 이 위험을 없앨 수는 없지만 완화시킬 수는 있죠. 포지션 규모 조절이 그래서 필요합니다. 과거 3~6개월 이내에 시가에 큰 갭 다운이 나타난 적이 있는 종목을 사는 경우 데이비드 라이언의 말을 빌리자면, '연쇄 갭 생성기Serial Gapper'를 보유하는 매우 높은 위험을 지게 될 수도 있습니다. 매수 종목의 질도 큰 작용을 합니다. 그래서 저는 항상 트레이더들에게 수면에 방해받지 않는 수준까지 팔라고 말합니다. 제 보조 트레이더는 이걸 수면을 결정하는 '베개 요인Pillow Factor'이라고 부릅니다. 간단히 말해, 잠에 들 수 없다면 너무 많이 거래하고 있는 겁니다.

라이언 밤새 나오는 뉴스나 갭은 트레이딩을 할 때 져야 할 리스크의 한 부분입니다. 만약 보유 포지션에 대해서 밤에 잠을 못 자고 걱정한다면 다른 사람한테 돈을 맡기세요. 실적 발표가 임박했다면 리스크를 낮추기 위해서 해당 종목의 포지션을 줄일 수도 있습니다.

쟁거 밤새 보유하는 게 저한테 문제가 되었던 적은 없습니다. 가장 큰 수익을 냈던 종목 중 몇몇은 다음 날까지 그리고 주말 동안 보유한 것들이었어요. 큰 갭 하락은 문제가 되지만 FOMC 회의(연방공개시장위원회 회의. 연준이 여는 이자율 등 주요 경제, 통화 정책 관련 회의로 1년에 8회, 6주마다 수요일에 열린다—역주)나 주요 뉴스가 나오기 전처럼 문제가 생길 것 같은 때는 감이 오기 때문에 포지션을 줄이기도 합니다. 저는 자주 이렇게 해요. 오해하지는 마세요. 저도 트레이딩 인생에서 괴물 같은 갭 다운 몇 개로 괴로웠던 적이 있지만, 강력한 강세장에서 밤새 그리고 주말 동안 보유했을 때 훨씬 저에게 유리하게 풀렸어요.

릿치 2세 실적 발표 같은 주요 뉴스를 제외하면 생각하는 것만큼 큰 문제는 아닙니다. 시장이 건강하고 선별 기준이 좋다면 갭 리스크는 제한적이더라고요. 시장 상황이 좋을 때 축적 단계의 주식이 심한 갭으로 손실을 입히는 경우는 매우 드뭅니다. 하지만 조정 기간 동안 변동성이 높을 때는 그 반대의 경우를 보게 될 거예요.
외지 사람들은 시카고 출신인 제게 항상 "와, 겨울에 거기 날씨 진짜 끔찍하겠어요" 같은 말을 합니다. 그리고 실제로도 그렇습니다.

하지만 눈보라가 왔는데 반바지와 티셔츠 바람으로 밖에 나가지
는 않잖아요. 날씨에 맞춰 대비를 해야 합니다. 개별 주식의 움직
임도 비슷해서 환경과 상황에 큰 영향을 받습니다.

스톱 설정과 관련해서, 10퍼센트 손절 설정 1개와 5퍼센트 손절 설정 2개 중 어떤 것이 성공적으로 거래하는 데 도움이 될까요?

미너비니   저는 더 작은 손실과 올바른 진입을 할 수 있는 기회를 선택하겠습니다. 10퍼센트 손실은 저에게는 '패배' 또는 최대 스톱 가격대입니다. 이렇게 큰 손실은 거래에서 많이 나오지 않습니다. 기억하세요. 손실이 클수록 여러분의 실적은 기하급수적으로 악화됩니다. 저는 구멍에서 빠져나오려고 노력하기보다는 타이밍을 맞추려고 노력할 겁니다.

라이언   타이밍을 맞추면 5퍼센트까지 떨어지지는 않을 것이기에 5퍼센트 손실 두 개를 선택할 것 같습니다.

쟁거   답하기 어려운 질문이네요. 다만 어떤 걸 택해도 10퍼센트 손실이

납니다. 하나 골라야 한다면 5퍼센트 쪽으로 가겠습니다.

릿치 2세   5퍼센트 두 개요. 저는 항상 더 작은 술잔 여러 개를 선택합니다.

분석을 잘못해서 실패한 거래에 대해서 얘기해 주실 수 있나요? 그리고 그 이유는 무엇이었나요?

미너비니　저는 경기순환주를 싫어하고 거래를 잘한 적이 거의 없었는데도 2014년 11월에 알코아Alcoa, Inc, AA를 샀습니다. 당시 주가는 며칠 오르고 후퇴했어요. 저는 매도를 했고 비교적 손실은 적었습니다. 심지어 제가 팔고 나서 주가가 크게 내려갔습니다.

라이언　제가 엄격하게 원칙을 따르지 못했을 때 손실을 내는 거래가 나옵니다. 감정이 개입되면서 확장 단계에서 너무 올랐거나 베이스가 제대로 형성되지 않은 주식을 삽니다. 정확한 지점에서 매수하고 첫날부터 상승세를 타면 보통 거래가 성공적입니다.

최근 손실은 2015년 3월 24일 잭인더박스Jack in the Box, JACK가 신고가를 형성하면서 돌파세를 보여서 매수했을 때 나왔습니다. 실적 발표가 나자 갭 상승 후 작은 베이스가 형성되었고, 첫날 주가가 신고가로 올라갔으나 금방 부진해졌습니다. 바로 다음 날 브레이크 아웃 거래량보다 더 많은 거래량으로 3.4퍼센트 주가가 하락했습니다. 주가는 이후에 상승을 이어 가지 못했고 긍정적인 거래량 움직임도 없었습니다. 비운의 운명이 정해진 셈이죠. 주가가 재빨리 다시 상승하지 못했을 때 주식을 팔았습니다. 제가 입은 건 3퍼센트 손실이었습니다.

작은 베이스에서 신고가로 올라가는 동안 거래량을 전혀 얻지 못한 주식을 매수한 것이 실수였습니다. 주가가 오르기 위해서는 주가가 베이스를 나오면서 며칠 동안 거래량이 증가하고 가격도 높아져야 합니다. 오랜 움직임을 보였던 이 주식이 4주 만에 형성한 베이스도 최고의 여건은 아니었어요. 베이스가 길면 보통 더 큰 움직임을 초래합니다.

쟁거   실패한 거래의 대부분은 주가가 돌파할 때 매수 관심이 부족해서 생기는 결과입니다. 저는 베이스에 대한 분석을 꽤 탄탄하게 하고, 매우 비편파적인 관점으로 매수 대상 종목도 잘 선정할 수 있습니다. 가장 거래 요건이 잘 조성된 종목을 선택하고 다가오는 상황에 대응합니다. 트레이더가 할 수 있는 건 이게 다죠.

제가 실패한 거래의 예로는 생명기술 섹터의 메디베이션Medivation, MDVN을 들겠습니다. 2010년 2월 주식이 잘 형성된 베이스를 치고 나오고 있었습니다. 저는 해당 종목을 매수했고, 그다음 날 FDA가 해당 회사의 약 하나를 중단시켰습니다. 다음 날 아침 장 시작에 주식이 75퍼센트나 싸게 거래되었습니다.

릿치 2세 2015년 2월 23일에 글로비스메디컬GMED을 실적 발표 며칠 전에 적게 매수했습니다. 실적 발표 시기에 들어가면서 공매도 물량이 커졌습니다. 당시 클로비스메디컬의 주가는 신고가 가까이에 있었는데, 실적이 좋게 발표되면 저한테 유리한 방향으로 움직일 거라고 분석했죠. 저는 발표 때까지 보유했는데, 주가가 갑자기 조금 갭 상승하더니 심하게 역전되어서 정리하고 나왔습니다.

2015년 3월 23일에는 옵코헬스Opko Health, OPK를 샀는데 초기에는 좋아 보였어요. 하지만 이틀 후 빠르고 심하게 역전되었습니다. 저는 제 타이밍이 잘못되었고 주가의 움직임이 옳다는 걸 즉시 깨달았고, 거래는 자동 손절되어 종료되었습니다.

주가가 생각과 반대로 움직이고
그렇게 손실을 기록할 때
점진적으로 포지션을 줄이십니까,
아니면 전체 포지션을 한꺼번에 매도하나요?

미너비니   주가가 스톱 가격을 만나면 전체 포지션을 즉시 매도합니다. 때때로 평균 손실률이 스톱 한 개만 설정할 때의 손실률과 일치하도록 스톱을 여러 단계로 쌓아 놓기도 합니다. 스톱 쌓기는 거래 일부분을 남길 수 있는 기회를 가지게 합니다. 결과적으로는 점차 더 적은 손실이 나는 가격에서 손절매되고 한 번에 조금씩, 보통 3분의 1 또는 반씩 손실이 낮아집니다.

라이언   저는 스톱 가격이 깨지면 보통 한꺼번에 팝니다. 자본금을 지키는 게 항상 첫 번째 목표입니다.

쟁거   종목의 유동성이 어떤지 그리고 몇 주나 구매했는지에 따라 달라집니다. 이상적인 세상에서는 손가락 까딱 한 번으로 모두 팔고 거래 하나로 포지션이 사라지겠지만, 이런 경우는 드뭅니다. 거래량이 말라 없어졌고 주가가 폭포처럼 떨어지면, 제가 내는 매도 물량이 주가를 더 떨어뜨릴 수 있기 때문에, 내가격In-The-Money(옵션의 행사 가격이 해당 종목의 현재 시장가보다 높아서 옵션을 행사하면 이익을 보는, 옵션의 내재 가치가 존재하는 상황—역주)이 높은 콜 옵션Call Option(미래의 행사 일에 행사 가격으로 자산을 매입할 수 있는 권리. 줄여서 콜이라고도 한다—역주)을 우선 팔고 나서 주식 포지션 매도를 시작합니다. 제가 매도를 함에 따라 콜이 더 싸지고, 계획적으로 포지션을 정리하면서 손실이 상쇄됩니다.

그건 그렇고 중요한 첨부 사항이 있네요. 저는 유동성이 떨어지고 하루에 200만~300만 주 미만으로 거래되는 종목은 콜을 팔 가능성이 높습니다. 반면 700만~5000만 주 이상 거래되는 유동성이 높은 주식은 그렇게 안 하려고 하는데, 유동성이 높으면 그냥 주식을 팔면 되기 때문입니다.

릿치 2세 포지션이 클수록 더 많은 단계로 나누어 매도하려 합니다. 포지션이 작고 주가가 초기에 설정한 손절 가격에 다다르면 상황이 바뀌었을 때 언제든 다시 들어갈 수 있다는 걸 알기 때문에, 보통 포지션 전체를 그냥 팝니다. 포지션이 조금 크다면 주가가 역행할 때마다 조금씩 팝니다.

브로커를 통해 손절 주문을 미리 넣어 놓나요, 아니면 멘탈 스톱으로 거래하나요? 시장 조성자들이 스톱 주문을 향해 총구를 겨누는 것 같습니다. 특히 갭 다운으로 장이 시작될 때요

미너비니 보통은 멘탈 스톱Mental Stop(정신적인 스톱. 손절 가격을 결정만 해 놓고 실제 주문은 넣지 않는 것—역주)을 이용합니다. 때때로 스톱 가격이 현재 호가와 가까울 때 시장 조성자들은 '스톱 주문에 총구를 겨눌' 수 있어요. 유동성이 높은 종목이고 손절가와 현재가가 멀리 떨어져 있다면, 괜찮을 겁니다.

라이언 저는 스톱 가격을 장중에만 넣습니다. 하루를 넘기는 건 좋아하지 않아요. 거래를 시작하고 첫 45분 동안은 감정이 개입되는 것을 좋아하지 않습니다. 대부분의 실수가 하루 트레이딩을 시작하는 그때 나오기 때문에 손은 묶어 놓고 뉴스를 읽고 그저 지켜만 봅니다. 이른 아침 움직임이 과하다고 판단되면 페이드 거래Fade Trade

를 할 수도 있습니다. 주가가 떨어질 때 사고 올라갈 때 파는 거죠.

쟁거　저는 개별 주식의 움직임과 멘탈 스톱을 조합합니다. 대부분의 강세장은 시장이 혹독한 조정 단계로 가지 않는 한 '하락에 사라_{Buy the Dip}'가 통용되는 장입니다. 시장 하락이 전국 혹은 국제 뉴스로 뜨면, 하락 혹은 장 시작 가까이에서 발생하는 갭 다운에서 매수합니다. 보통은 성공합니다.

릿치 2세　현행 시장구조에서 시장 조성자들이 잠자고 있는 스톱 주문을 노린다는 데 의심의 여지가 없다고 제가 생각해서 그런지 이 질문은 조금 무섭네요. 자 그럼, 진짜 질문은 '거래에서 망하지 않는 가장 좋은 방법은 무엇입니까?'일 겁니다. 답은 최소한 스톱 주문을 이용하는 것 그리고 시장가 근처에 스톱 가격을 설정하지 않는 것입니다. 중소형 종목인 경우는 더 그렇습니다. 만약 유동성이 매우 높은 종목이라면 문제라고 할 만한 것도 없을 것 같네요.

마지막으로 멘탈 스톱은 훈련된 전문 투자자'만' 쓰는 거라고 강력하게 말씀드리고 싶습니다. 자기가 정한 손절 규칙을 따르는 데 문제가 있다면 멘탈 스톱을 사용하면 안 됩니다. 스톱을 고수하는 데 문제가 없을 정도가 되었을 때 비로소 멘탈 스톱에 기대도 좋을 겁니다.

주가가 돌파세를 형성했지만
명백한 지지선이 가격의 15~20퍼센트
밑에 있다면 어떤 스톱을 사용합니까?
10퍼센트라면 위험을 충분히 제어하면서
수익을 위한 여유도 넉넉한 정도일까요?

미너비니　10퍼센트 손실이 나기 전 포지션에서 나오길 바랄 겁니다. 저는 종목이 10퍼센트 떨어질 때까지 내버려 두지 않아요. '지지'가 어디에 나타났건 신경 쓰지 않습니다. 절대 15~20퍼센트 위험에 노출되지 않을 겁니다! 지지선이 스톱 가격으로 쓰기에 너무 멀리 있다면, 내가 편하게 느끼는 정도에서 단순하게 백분율로 하면 됩니다.

라이언　대부분의 경우 이런 때는 상승 후 확장이 너무 진행된 상태이기 때문에 주식을 사지 않을 겁니다. 기술적으로 지지선, 베이스, 이동평균선, 추세선 등이 매수하려는 가격대 근처에서 어느 정도 보여야 합니다.

쟁거　이런 상황처럼 10퍼센트 손절로 물려 있었다면 저는 지금쯤 파산했을 겁니다. 2~3퍼센트 손절이 제가 평소에 쓰는 것에 가까워요. 아니, 저는 브레이크 아웃에서 힘없이 움직이는 것만으로도, 스톱 가격 근처도 가지 않은 가격에 팝니다. 제가 기대하는 정통 적자들이 보여 주는 강인함이 보이지 않잖아요. 굴러떨어져서 버둥대는 주식을 뭐하러 기다리겠습니까? 그런 망할 거는 약해 빠진 브레이크 아웃에서 갈팡질팡할 때 당장 팔아 버리라고 말씀드립니다!

릿치 2세　음, 질문의 본질은, 원칙적으로 저는 안 하지만 이미 확장이 진행된 주식을 사는 상황인 것 같네요. 굉장히 뚜렷하고 여유가 없는 스톱 가격대가 안 보이는 종목을 산다면 제 평균 손실을 기준으로 백분율 스톱을 정하는 게 좋겠고, 자동 손절매될 가능성이 높을 수 있다는 걸 인지하고 평소보다 적게 시작할 겁니다.

주가가 기력이 약한 거래량으로
스톱 가격을 친다면 어떻게 하나요?
팔고 손실을 차단합니까, 아니면 버티고
여유를 조금 더 주시겠습니까?

미너비니 주가가 제 스톱 가격을 친다면 저는 나갑니다. 제 목표는 제 계좌가 수학적으로 말이 되도록 유지하는 겁니다. 거래량은 달라져도 계산은 달라질 게 없어요.

라이언 팝니다. 주식에 여유를 더 주는 일은 절대 없어요. 그렇게 하면 포트폴리오의 모든 손실에 대해 합리화하기 시작할 겁니다. 얼마 안 가서 손실이 손을 쓸 수 없을 정도까지 커질 거예요.

쟁거 시장이 전반적으로 어떻게 되고 있는지, 평상시 종목의 변동성이 어땠는지 등에 따라 달라지는 상황적인 결정입니다. 최소한 30~40퍼센트는 줄이고 상황이 어떻게 돌아가는지 볼 겁니다.

릿치 2세 스톱 가격에 여유가 없고 거래량이 없는 채로 주가가 하락하는 경우—특히 미드캡이나 더 작은 종목의 경우—라면 조금 더 기다릴 수도 있지만, 거의 매번 부분적으로 포지션을 잘라 낼 겁니다. 일반적으로 움직임이 일어날 때 즉흥적으로 판단하지 않으려고 노력합니다. 얼마까지 주식에 여유를 줄지는 미리 정해 놓습니다.

가격이 출렁거리는 시장에서 자동으로 거래가 종료되는 상황을 어떻게 처리합니까?

미너비니　거래가 자동으로 정리되는 경우가 과도하게 발생한다면, 둘 중 하나가 잘못된 겁니다. 종목 선택 기준에 오류가 있거나 시장이 적대적인 경우죠. 견고한 원칙을 적절한 타이밍에 적용한다면 강제로 종료되는 일은 많지 않을 겁니다. 널뛰기장은 약세장보다 더 위험합니다. 약세장에서는 롱 포지션 요건이 안 생기기 때문에 단순히 전 포지션이 손절되면서 현금이 생깁니다. 널뛰기장에서는 주가가 떴다가 추락하길 반복하면서 포지션을 들락날락하는, 이른바 '능지처사'를 경험할 수 있습니다.

라이언　가장 다루기 힘든 시장이 널뛰기장입니다. 브레이크 아웃은 성공하는 경우가 거의 없고, 브레이크 다운은 전혀 작동하지 않기 때문에 매도 방향, 매수 방향 모두에서 손실을 입을 수 있습니다. 이런 장이 시작되는 게 보이면 저는 위험노출 금액을 줄이고 훨씬 작은 규모로 거래합니다. 또 브레이크 아웃 때만큼은 아니지만 풀백이 있을 때는 주도주를 더 사려고 합니다. 가장 중요한 건 인내심을 갖고 적절한 거래 요건이 갖춰질 때까지 기다리는 겁니다. 거래 요건이 다 갖춰지지 않았다면 억지로 거래할 필요가 없어요.

쟁거   시장이 변덕스러워지고 확실한 추세가 보이지 않는다는 걸 인식하는 순간, 아예 시장에서 멀리 떨어져 있으려고 합니다. 새로운 상승 추세가 나타날 때까지 현금을 보유하고, 옆으로 빠져 인내심 있게 기다릴 겁니다. 제가 신규 트레이더들께 드릴 수 있는 최고의 조언은 무슨 일이 있어도 널뛰기장 근처에는 가지도 말라는 거예요. 변덕스러운 장세는 9개월에서 1년까지 지속될 수 있습니다.

릿치 2세   이런 시장이 사실 가장 어려운 종류의 환경이에요. 특히 시장이 횡보하거나 힘겹게 상승하는 와중에 큰 움직임이 나타났다 사라지기를 반복할 때 개별 주식은 시장보다 더 큰 급등락을 경험할 수 있기 때문입니다. 답은 꽤 간단해요. 급등락에 치이는 상황이 반복된다면, 상황이 개선될 때까지 더 작은 규모로 거래합니다.

예상하지 못한 이벤트가 발생하는 경우 어떻게 처리합니까? 예를 들어, 20달러에 매수하고 19달러에 스톱을 걸었지만, 뉴스로 인해 15달러의 갭 하락이 나타난 경우라면요?

미너비니   주가가 스톱 가격에 왔다면 저는 팝니다. 쉽고 간단해요. 그렇지 않다면 스톱을 갖고 있는 게 애당초 의미가 없죠. 가격이 미끄러지는 건 트레이딩에서 항상 있는 일이에요.

라이언   예상치 못한 뉴스 때문에 장 시작 때 갭 다운이 나왔다면, 종종 갭 가격이 가격 저점이 되고 주가가 빠르게 상승하기도 합니다. 손실이 이미 크게 난 상황에서 과잉 반응일 수도 있기 때문에 처음 30분은 기다릴 겁니다. 당일 하락폭의 50퍼센트 이상 회복하며 빠르게 상승한다면 하루 더 갖고 있으면서 추가 랠리가 있는지 보겠죠. 반대로 첫 30분에 가격이 저점을 만들면 거래에서 나옵니다. 이미 난 손실을 더 악화시킬 필요는 없으니까요.

쟁거   하락에 사는 매수자들이 들어와서 주가를 1달러 또는 2달러 올려 주기를 기다렸다가 더 이상 아무것도 기다릴 것이 없을 때 팔기 시작합니다. 다음 종목으로 넘어가서 새로운 거래 여건이 만들어지기를 기다리고 뒤돌아보지 않습니다. 그만해야죠. 사랑은 벌써 식었고, 아내가 고양이까지 데리고 집을 나간 상황인 거예요. 이제 잊어버리고 새롭게 시작하세요!

릿치 2세   파세요!

MOMENTUM MASTERS

MOMENTU

거래 관리

MASTER

핵심 보유 포지션을 유지하면서
거래하나요?

미너비니 네. 저는 리스크가 상당히 낮은 저위험 진입 지점에서 과대 포지션을 잡고, 주가가 빨리 오르면 초과 보유분을 덜어 내면서 단기 수익을 만듭니다. 이렇게 하면 완충 역할을 하는 부분적인 수익을 이미 기록했기 때문에 나머지 포지션을 유지하는 것이 더 쉬워져요. 반대로 과대 포지션을 잡았는데 시장이 예상과 반대로 간다면 초과 무게를 재빨리 덜어 냅니다. 시장이 예상대로 안 흘러갈 때 비중을 확대하면 안 되고, 잘 풀려갈 때 비중을 축소하면 안 됩니다. 딱 그 반대로 해야 합니다.

라이언 저는 항상 핵심 포지션의 크기를 정해 놓고 거래합니다. 운전하는 것과 비슷해요. 초록불을 보면 가속페달을 밟고 포지션을 시작하거나 더 늘립니다. 상황이 바뀌어서 노란불이 앞에 나타나면, 초록불을 볼 때까지 포지션을 줄일 거예요. 주가가 하락하기 시작하고 빨간불이 켜지면 포지션 전체를 팝니다. 종목이 어떻게 행동하는지에 따라 조정하세요.

쟁거   일 년에 통상 한두 개의 초대형 수익 종목이 생깁니다. 저는 주가가 20~30퍼센트 오르고 나면 부분적으로 포지션을 덜어 냅니다. 그리고 10일 또는 21일 이동평균선으로 후퇴할 때 종목이 아직 이상적으로 강세를 보인다고 생각되면 적은 물량을 추가합니다. 하지만 상승할 때 추가로 매수하기보다는 포지션을 덜어 내는 경우가 더 많습니다. 아까 말씀드렸는데, 높은 가격에 추가로 매수하면 매수 단가가 높아져서, 주가가 급락할 때 손실이 훨씬 빨리 생기고 결국 팔 수밖에 없거든요.

릿치 2세   제가 항상 더 잘하려고 노력하는 게 바로 이겁니다. 저는 보통 둘 중 하나의 방법으로 핵심 포지션을 유지하고자 합니다. 우선 종목이 아직 이렇다 하게 움직이지 않을 때 매수에 들어가고, 그러고 나서 통합이 일어날 때 종목 거래량이 늘면서 상승하지 않으면 포지션을 줄이고, 주가가 다시 상승할 때 재매수합니다. 다른 하나는 제가 더 선호하는 상황인데, 수익이 제가 가진 위험의 두 배 이상이 되어서 부분적으로 팔고 나왔다가 나중에 종목 움직임이 좋고 통합 단계가 다시 건설적인 형태로 일어날 때 팔았던 부분을 다시 매수하는 겁니다.

최근 성공했던 거래,
실패했던 거래 과정에 대해
자세히 알려 줄 수 있나요?

미너비니 상당히 잘 풀린 거래로는 마이클스컴퍼니Michaels Companis, MIK가 있습니다. 최근에 상장한 주식이었어요. 2014년 11월 6일 전형적인 변동성수축패턴VCP에서 떠올랐을 때 매수했습니다. 주가가 16일 중 13일 동안 상승 마감했는데, 4개월 좀 안 되는 기간에 60퍼센트가 상승했죠. 일찍 거래에서 나왔지만 여전히 빠르고 괜찮은 스윙 Swing(2~3일부터 길게는 2주 정도 포지션을 보유하는 트레이딩 방식—역주) 수익을 냈습니다(차트 9.1 참조).

SECTION 9 거래 관리 _ 02

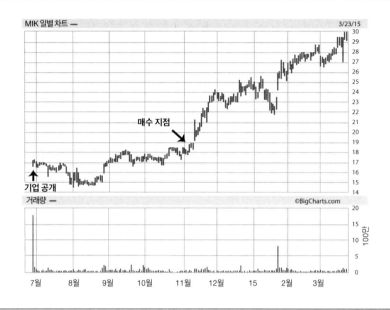

MIK 일별 차트 —   3/23/15

매수 지점

기업 공개

거래량 —   ©BigCharts.com

100만

7월   8월   9월   10월   11월   12월   15   2월   3월

관심을 가질 만한 손실 사례는 최근 트위터Twitter Inc., TWTR 거래입니다. 2015년 3월 말과 4월 초 사이에 포지션을 쌓았어요. 장 마감 후 실적이 발표될 예정이었던 4월 28일까지 비교적 잘 버티고 있었는데, 장중에 실적 정보가 새어 나가면서 매도가 쇄도했습니다. 저는 오전에 이미 부분적으로 매도를 해 놓았고, 나머지 보유분을 거래가 정지되기 딱 6분 전에 팔았습니다. 트위터는 15퍼센트 갭 다운과 함께 거래가 재개되었습니다. 제가 입은 손실은 0.16퍼센트였어요. 이 작은 손실이 참 친절하게 느껴졌습니다. 실적 발표까지 계속 보유하려고 했는데, 정보가 샌 덕분에 다행히 다음 날 출현했을 큰 갭 하락을 피할 수 있었거든요.

차트 9.2 트위터, 2015

TWTR 일별 차트 ─   5/15/15

매수 지점

장중 가격 급락 시작에
거래 정지 6분 전 포지션 매도.
15퍼센트 가격 급락과 함께
거래 재개

거래량 ─   ©BigCharts.com

라이언 앰바렐라_{Ambarella Inc., AMBA}는 2015년 3월 2일에 거래량 추이를 보고
매수한 종목입니다. 베이스에서 3일을 제외하고 모든 날 주가가
상승했어요. 주가가 베이스의 90퍼센트를 넘어서면 조금 일찍 매
수에 들어가도 됩니다. 매번 신고가를 기다리지 마세요. 이 종목
은 다음 이틀 동안 상승을 이어 갈 모멘텀을 받쳐 줄 엄청난 거래
량을 보였습니다. 그러고 나서 2015년 4월 24일, 과거 4주를 넘게
형성한 베이스 밑으로 주가가 빠지기 시작했는데, 이때 저는 다
팔았습니다. 2015년 5월 15일에 다시 매입했고, 주가가 정점을 지
난 것 같은 움직임을 보이길래 2015년 6월 10일에 다시 매도했습
니다(차트 9.3 참고). 앰바렐라 주가는 2012년 10월 상장 이후 15배
오른 가격에서 3주간 40퍼센트가 더 올랐습니다.

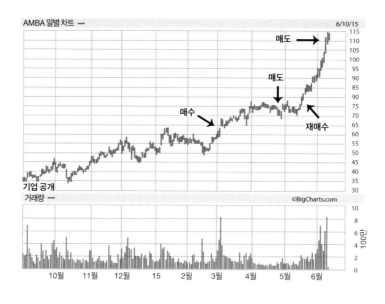

피에스타레스토랑그룹_{Fiesta Restaurant Group., FRGI}은 손실을 본 거래입니다. 2015년 3월 20일에 베이스 위로 떠오르려 할 때 매수했는데, 거래량은 증가한 반면 가격은 정체되었습니다. 당일 저점 근처에서 거래가 마감되었는데, 이는 돌파를 시도하는 주식 입장에서 안좋은 신호입니다. 2015년 2월 20일에는 사상 최대 거래량과 함께추세 전환이 일어났는데, 제가 좀 더 주의를 기울여야 했어요. 극복하기엔 너무 강한 움직임이었습니다. 주가는 다음 며칠 동안 다시 움직였지만 수요가 없었습니다. 저는 2015년 3월 25일에 팔았습니다. 다음 날 엄청난 거래량이 나오면서 주가가 50일 이동평균선을 뚫었고, 그 이후 25퍼센트 이상 떨어지면서 하향 추세를 이어 갔습니다.

차트 9.4 피에스타레스토랑그룹, 2015

FRGI 일별 차트 —   6/01/15

매수
매도

거래량 —   ©BigCharts.com

쟁거 파마시클릭스ₚₕₐᵣₘₐcyclics Inc., PCYC는 몇 년간 크게 상승한 종목이었
습니다. 제 웹사이트에 15달러에 올렸는데 몇 년간 가격이 150달
러까지 올라가더니 6개월을 꽉 채워 쉬었습니다. 6개월의 베이스
를 빠져나온 주식은 168달러 대로 확 오르고, 다시 2주간 실적 발
표가 나오길 기다리며 쉬었습니다.

2주 동안 쉰 덕분에 굉장히 높은 가격에서 불 플래그 비슷한 패
턴이 형성되었습니다. 실적 발표 후에 주가는 12달러로 치솟았
다가 깃발처럼 보이는 상부 구간으로 후퇴했습니다. 회사의 이익
이 좋았고, 그룹도 굉장히 강세였기 때문에 주가가 후퇴했을 때
170~173달러 대에서 더 매수했습니다. 며칠이 지나자 주가는 치
솟았고 가파른 상승세가 지속되었습니다. 이 즈음 회사는 애브비

PCYC 일별차트 —   3/12/15

170~173달러
구간에 매수

©BigCharts.com

거래량 —

11월   12월   15   2월   3월

AbbVie, ABBV로부터 258달러에 주식을 매입하겠다는 제안을 받습니다. 이로써 단 몇 주간 80달러가 넘는 수익을 올렸습니다(차트 9.5 참고).

최근 실패한 거래에서는 거래가 예상대로 잘 풀리지 않을 때 제가 얼마나 빨리 거래에서 빠져나올 의향이 있는지를 볼 수 있습니다. 저는 2015년 6월 8일, 사이버아크CyberArk Software, CYBR 주식을 거래량이 증가하며 하강채널을 돌파할 때 매수했습니다. 가격이 신고가를 깨고 거침없이 올라갔지만 역전이 일어났고, 거래는 실패로 돌아갔습니다. 제 주식은 매수 지점 1.50달러 아래에서 자동 손절되었습니다(차트 9.6 참고).

차트 9.6 사이버아크, 2015

린치 2세   요즘 다른 것들보다 더 괜찮았던 성공 트레이드 중 하나는 콸리 스$_{Qualys Inc., QLYS}$입니다. 2014년 10월, 시장 조정이 와서 100퍼센트 현금으로 방어적으로 운용하다가 처음 매수한 종목입니다. 2014년 10월 28일에 매수했고 29달러 대 위로 올라가더니 계속 전진했습니다.

저는 이 종목을 좋아했는데, 시장 조정을 잘 견뎠고, 높은 이익과 매출을 보였고, 제가 아주 좋아하는 인터넷 보안 그룹에 속해 있었기 때문입니다. 2014년 11월 4일에 약 20퍼센트의 수익을 보고 거래의 반을 점진적으로 매도했습니다. 또한 스톱 가격은 손익분기 가격으로 올렸습니다. 그리고 나머지로 훨씬 더 큰 움직임을

차트 9.7 콸리스(Qualys Inc., QLYS), 2014-2015

QLYS 일별 차트 ━   3/06/15

나머지 절반 매도

절반 매도

매수

거래량 ━   ©BigCharts.com

8월   9월   10월   11월   12월   15   2월   3월

이용해 거래하고, 2015년 2월 10일에 팔았습니다(차트 9.7 참고).

최근 실패한 거래는 룰루레몬Lululemon Athletica Inc., LULU입니다. 2015년
2월 27일에 주가가 68달러 대를 돌파할 때 매수했습니다. 하지만
상승세가 전혀 이어지지 않았고, 따라서 2015년 3월 3일, 주가가
전주 저점을 물리고 안 좋게 마감했을 때 스톱 가격에 거래를 나
왔습니다(차트 9.8).

차트 9.8 룰루레몬, 2015

거래는 얼마나 길게 보시나요?
보통 모멘텀 주식을 얼마나 오래
보유합니까?

미너비니   평균적으로 성공 종목은 실패 종목에 비해 2, 3주 더 보유합니다. 성공 종목들은 2~3분기, 드물게는 몇 년을 보유하기도 합니다. 보통 큰 주가 움직임은 12~24개월 내에 나타납니다. 거래 타이밍을 잘 맞추면 짧은 기간에 상당히 괜찮은 움직임을 잡을 수 있죠. 저는 빠른 시간에 돈을 늘리려 하기 때문에 스윙 트레이딩으로 종목을 사고팔고, 어느 정도 규모가 되는 조정 시장에서는 웬만하면 포지션을 끌고 가지 않습니다.

라이언   성공 종목은 몇 주에서 몇 달, 실패 종목은 며칠에서 몇 주입니다. 가장 좋은 종목은 금방 수익을 보여 주는 종목이고, 가장 크게 수익을 내는 종목은 가장 오래 보유하는 종목이에요. 성공 종목은 가능한 한 오래 보유하려 합니다. 데이 트레이딩은 하지 않아요. 매수 후 괜찮은 상승 추세를 보일 경우 종목을 오래 보유할 때 거래 성적이 훨씬 더 좋습니다. 기간은 몇 주, 몇 달 혹은 일 년을 넘길 수도 있어요. 요즘 같은 시장에서는 보통 몇 주 또는 몇 달간 보유합니다. 다만 기간을 정해 놓고 그 안에 갇혀 버리는 일은 절대 없어요. 매수 다음 날 주가가 손절 가격을 친다면 저는 팔고 나올 겁니다.

쟁거   보유 기간은 시장이 전반적으로 얼마나 강세인지, 또 강세장이라면 금방 형성되었는지, 아니면 오래 지속되었는지에 따라 달라집니다. 강세장에서는 강한 주식들을 보통 90일 이상 보유하는데, 때때로 훨씬 짧게 가져가기도 합니다. 실패 종목은 하루, 길면 이틀 가져갑니다.

릿치 2세   평균 보유 기간은 거래마다 다른데, 과거 약 5년간 실패한 거래는 2~3일, 성공한 거래는 8~9일 사이였습니다. 저는 항상 손실은 매우 빨리 실현하고, 수익은 이와 달리 거의 실현하지 않습니다. 모든 거래는 진입할 때 단기 거래로 시작하는데, 이후 가격 움직임 그리고 제가 얼마나 상황을 좋게 판단하는지에 따라 포지션을 얼마나 오래 가져갈지가 결정됩니다. 주가가 돌파 상승하면 종종 더 큰 움직임을 보고 상황을 잘 이용해 보려고 합니다.

포지션 가격이 떨어졌을 때 추가로 매수하시겠습니까?

미너비니   거의 안 합니다. 손실이 나고 있는 포지션에 추가 매수하는 경우
는 풀백에 매수할 때인데, 그때조차도 상승할 때 그리고 주가가
초기 매수 가격과 매우 가까울 때만 합니다. 저는 큰 손실을 보이
는 종목은 절대로 더 사지 않아요.

라이언   손실이 있는 곳에 절대 포지션을 추가하지 않습니다. 실수를 이미
저질렀는데, 왜 포지션을 더해서 그걸 크게 만드나요? 저는 포트
폴리오에 손실이 있는 걸 못 참습니다. 손실은 암 같은 겁니다. 도
려내야 할 것이지, 더할 것이 아니에요. 포트폴리오에 있는 자본금
은 끊임없이 패자에서 승자로 돌려야 됩니다.

쟁거   어떤 상황이든 손실이 나는 포지션을 추가로 매수하지는 않습니다. 더 내려갈 수도 있으니까요. 그냥 저는 이렇게 안 합니다. 사실 주가가 떨어질 때 더 줄일 의향은 있어요. 매수를 위해서 강점을 찾지, 약점을 찾지는 않아요.

릿치 2세   매수 평균 가격을 낮추는 일은 없습니다.

가격이 진입 가격 대비 얼마나 올랐을 때
더 이상 추매를 안 할 정도의
확장 단계라고 생각하나요?

미너비니 일단 주가가 매수 가격 위로 몇 퍼센트 더 올라갔다면 아무것도 하지 않습니다. 저는 정확한 매수 지점에서 포지션을 잡으려고 합니다. 주식을 쫓지 않아요.

라이언 강한 상승장이라면 초기 매수 가격 대비 10퍼센트 상승 가격까지 매수할 겁니다. 약세장이고 상승 움직임이 따라 주지 않는 상황이면 5퍼센트가 제 한도일 거예요.

쟁거 주가가 최근 베이스 돌파 가격보다 20퍼센트 올랐다면 어떤 유혹이 와도 물량을 추가하는 일은 없습니다. 베이스에서 돌파했을 때처럼 확률이 높지는 않거든요.

릿치 2세 종목이 기술적 분석상 어떤지에 따라 결정됩니다. 하지만 보통은 주가가 브레이크 아웃 지점보다 5퍼센트 이상 상승하면, 통합 구 간이 없을 때는 추가 매수하지 않습니다.

큰 수익을 낸 종목이 거래 요건을
다시 충족할 때 추가 매수하겠습니까?

미너비니 네. 하지만 이전보다는 적게 매수합니다. 평균 단가를 높이고 싶지는 않거든요.

라이언 네. 큰돈은 주가가 1, 2년 동안 복수의 움직임을 만드는 그 과정에서 많은 수의 베이스를 형성할 때 거머쥘 수 있습니다.

쟁거 종목이 큰 수익을 냈다면 다시 거래 요건이 충족되기 전에 이미 다 팔아 버린 상태일 겁니다. 하지만 두 번째 브레이크 아웃에서는 초기 상승 때보다 가격이 더 비싸니까 아마 덜 사겠죠. 기관들이 첫 번째 브레이크 아웃에서 충분한 물량을 사지 않았을 때 수요 대부분을 몰면서 주가를 올리는 거라서, 첫 번째 브레이크 아웃이 보통 가장 좋습니다.

릿치 2세 더 큰 움직임을 노리고 주식을 보유하고 있다면 당연히 더 사겠지만, 일반적으로 저는 보유하고 싶은 핵심 물량을 정해 놓고 거래합니다. 한 예로, 주가가 30~50퍼센트 더 올라갈 거라고 생각하는데 단 며칠 만에 15~20퍼센트가 급락한다면 일부를 매도해 정리하고, 통합 구간과 풀백이 질서 정연하게 나타나면 주식 수를 추가할 겁니다. 보통은 큰 움직임을 위해서 포지션 전체를 지키고 가다가 나중에 더 높은 가격에 훨씬 더 많이 추가하는 일은 하지 않습니다.

세금 목적으로 안 팔고 싶을 때
큰 수익이 난 종목을 헷지하기 위해서
혹은 시장의 풀백이 크지 않을 거라고
예상할 때 풋 옵션을 사기도 하나요?

미너비니 그런 일은 거의 없습니다. 포트폴리오에 종목 수가 많거나 포트폴리오 전반에 걸쳐 보유 물량을 줄이고 싶지 않을 때 어쩌다 한 번씩 헷지_Hedge_(보유 자산의 반대 포지션을 취하는 행위. 보통 보유 자산 가격이 예상과 반대로 움직일 때를 대비해 손실을 보완하는 방법으로 쓴다—역주) 목적으로 시장 매도 방향의 ETF를 사기는 할 겁니다. 하지만 원할 때 사고팔 수 있고, 복잡한 수식을 생각하지 않고도 빨리 위험 수위를 조절할 수 있기 때문에 몇 개 주식에 집중하는 걸 더 선호합니다.

라이언 거의 사지 않습니다. 저는 단순하게 하려고 노력해요. 사고, 팔고, 공매도하고, 공매도 커버를 해요. 가끔은 옵션도 삽니다.

쟁거 저는 IRS(미국 국세청—역주) 규정에 따라 '시가평가_{Mark-to-Market}'를 해야 하는 트레이더라서 매년 12월 31일에 투자 계좌의 모든 수익과 손실을 계상하기 때문에, 연말 세금 목적의 헷징은 저한테 아무런 도움이 되지 않습니다. 그리고 전반적으로 단기 트레이더이기 때문에 일반 소득세 대비 자본 이득세를 적용받을 정도로 오래 자산을 보유하는 법이 없습니다. 그러니까, 세금 목적으로는 헷징을 절대 안 하고, 시장의 풀백이 있을 때도 헷징은 절대 하지 않습니다.

릿치 2세 우선 말씀드리고 싶은 것은, 저는 잠재적인 세금이 단기 트레이딩 결정에 영향을 준다는 게 말이 안 된다고 생각하기 때문에 '세금'을 위해 거래하지는 않습니다. 풋 옵션_{Put Option}(미래의 행사 일에 행사 가격으로 자산을 매도할 수 있는 권리. 줄여서 풋이라고도 한다—역주)에 대해서 말하면, 저는 롱 포지션에 대한 헷지로 풋을 사지 않습니다. 너무 오래 롱 포지션에 있었거나 확장 단계의 가격에서 나온 이익이라서 불안하다면 보유 포지션을 불편하지 않은 정도로 줄입니다.

원하는 수익에 도달했을 때 트레일링 스톱으로 점진적으로 매도합니까?

미너비니 수익이 괜찮다면 주가가 예상한 방향과 반대로 움직이고, 약세에서 스톱 가격을 칠 기회가 생기기 전 주가가 강세일 때 팝니다. 포지션을 보유할지 여부에 대한 결정을 못 내릴 때는 심리적인 윈윈 상황을 만들고자 반을 팔 수도 있습니다. 주가가 오르면 반을 갖고 있어서 다행이라고 말할 수 있고, 떨어지면 반을 팔아서 다행이라고 말할 수 있습니다. 주가가 어느 방향으로 움직이건 여러분이 맞힌 거예요. 정말 좋아하는 종목이라면 반을 팔고, 스톱 가격을 손익분기점으로 올리기도 할 겁니다. 이렇게 하면 저는 후반전은 본질적으로 '공짜 게임Free-Roll'(카지노에서 무료로 나누어 주는 칩—역주)을 하는 거예요.

라이언　상승 움직임이 어떤지에 따라 달라집니다. 주가가 빨리 상승했다면 일부를 강세일 때 팔고 나머지 포지션의 스톱 가격을 올릴 수도 있습니다. 꾸준한 상승세였고 주가가 상승함에 따라 스톱 가격을 계속해서 올렸을 경우, 주가가 스톱 가격을 건드리면 한꺼번에 모두 매도할 겁니다.

쟁거　저는 보통 주가가 오른 날 강세에 매도하고, 주가가 꼭대기를 지나기 전 포지션을 상당히 정리하거나 완전히 포지션에서 나오려고 하기 때문에 트레일링 스톱Trailing Stop(추적 손절매. 일반 스톱 주문은 고정된 가격에 시장가 주문이 활성화되지만, 따라다니는 스톱이라는 의미의 트레일링 스톱은 가격 대비 비율을 조건으로 활성화되기 때문에 스톱 가격이 주가를 따라다닌다—역주)을 사용하지 않습니다. 제가 완전히 포지션에서 나오지 않았다면 21일선 등 이동평균선이 깨지는 걸 신호로 삼아 나머지 포지션을 매도할 것 같습니다. 큰 규모로 거래하거나 거래가 뜸한 종목을 거래할 때는 거래량 유무와 상관없이 하락하는 날보다 상당한 강세가 지속된 후 거래량이 치솟을 때를 이용해 포지션을 줄이는 게 훨씬 쉽습니다.

릿치 2세　점진적으로 나누어 매도하지만 트레일링 스톱을 이용하지는 않습니다. 다만 가격이 너무 많이 양보하기 시작하면 포지션 일부를 덜어낼 가격대를 생각해 놓을 수는 있습니다. 이상적으로는 주가가 강세일 때 점진적으로 매도하고 정리합니다.

시장을 종일 지켜볼 수 없을 때
트레일링 스톱을
이용해야 할까요?

미너비니 네, 그렇게 해도 됩니다. 하지만 거래가 너무 일찍 종료되도록 설정해 놓지는 마세요. 어느 정도의 수익점에 도달할 때, 그때가 스톱 가격을 조일 땝니다. 기하급수적으로 상승할 때는 상승 곡선이 가파를수록 주가가 더 많이 후퇴하기 때문에 스톱을 상당히 엄격하게 설정합니다.

라이언 필요한 경우 스톱 가격을 올릴 수 있도록 매일 또는 이틀에 한 번 종목을 점검해야 합니다. 주식에 백분율로 트레일링 스톱을 설정해 본 적은 한 번도 없는데 이동평균, 추세선 그리고 거래량은 스톱 가격에 이용합니다. 요즘은 기술이 좋아서 휴대폰에서 쉽게 스톱을 확인하고, 원하면 변경할 수도 있어요.

쟁거 스톱을 무리에 있는 다른 사람들과 같은 가격에 기계적으로 설정하면, 시장 조성자들이 우리의 스톱 가격이 몰려 있는 싼 가격에 매력을 느끼고 들어와 인위적으로 가격을 만들고 주가를 하락시킵니다. 저도 1990년대 초반에는 기계적으로 스톱 가격을 설정해 본 적이 있습니다. 하지만 누군가가 제 주식을 할인된 가격에 채가는 것이 얼마나 쉬운지 알게 된 후부터 절대로 다시 쓰지 않습니다. 항상 주식을 지켜봐야 하고, 최상의 출구가 어딘지 판단하기 위해 시장이 어떻게 돌아가고 있는지 반드시 확인해야 합니다. 다시 한 번 말씀드리면, 저는 제가 눈여겨봐 둔 가격 영역에서 이미 깨진 가격 하나를 스톱 가격으로 쓸 겁니다. 반면 현재 시장에 대한 저의 판단을 무시하는, 트레이딩 플랫폼에 있는 사전 설정값들은 스톱 가격으로 절대 사용하지 않을 겁니다.

릿치 2세 계획 그리고 얼마나 집중적으로 포지션을 매수해 놓았는지가 이 문제를 결정하는 함수입니다. 만약 포지션 몇 개로 포트폴리오가 채워져 있다면, 큰 잠재적 손실로부터 스스로를 보호하기 위해서 시장이 제공하는 어떤 형태의 것이든 스톱 보호 장치를 갖고 있어야 한다고 생각합니다. 자, 그런데 포트폴리오의 집중화 정도는 실제 시장의 집중화 정도와 상응해야 하고, 신경을 덜 쓸수록 포트폴리오 집중도도 더 낮아야 한다고 주장할 수도 있습니다. 더 작은 포지션의 경우 스톱 설정을 꼭 걸어 둬야 한다고 생각하지는 않지만, 최소한 이메일이나 전화처럼 메시지를 받고, 필요하다면 행동할 수 있는 어떤 장중 경고 장치 같은 건 필요할 겁니다.

목표 수익 달성에 가까워졌을 때 스톱 가격을 조정하겠습니까? 다시 말하면, 스톱 가격을 손익분기점으로 조정하나요, 아니면 처음 가격 수준으로 유지하나요?

미너비니　저는 항상 거래가 너무 일찍 종료되지 않도록 하는 동시에 스톱 가격을 높이려고 합니다. 주가가 상당 폭 오르면 당연히 스톱 가격을 최소 손익분기점까지 옮길 겁니다. 저는 큰 수익이 손실로 바뀌도록 내버려 두지 않습니다. 저는 일단 수익이 위험노출 금액의 배수 혹은 평균 수익 이상이 되면 수익을 보호하고자 절차를 만들어 놓았습니다. 위험노출 금액의 몇 배 혹은 과거 평균 수익 이상으로 주가가 오르지 않으면 손익분기점 가격으로 스톱을 옮기지 않습니다.

라이언　저는 거래의 방향으로만 스톱을 조정합니다. 주가가 5퍼센트가 넘는 움직임을 보였다면 최초 매수 때 설정한 가격보다는 손익분기점 혹은 최소 그와 가까운 곳으로 옮깁니다. 최초 매수 가격 기준으로 잠재적인 손실을 증가시키는 스톱 가격으로는 절대 옮기지 않습니다.

쟁거 사전에 설정한 목표는 없지만 주가가 점차 상승한다면 포지션을 단계적으로 줄일 겁니다. 종목이 몇 달을 달려왔다면 같은 기간에서 포지션을 최소한 50퍼센트는 줄였을 거고, 실적 발표가 있기 전에는 완전히 나갈 겁니다.

릿치 2세 미리 정한 목표는 없지만 최소한 주가가 강세에 있을 때는 성공 종목의 평균 수익보다 낮은 수익을 얻고 싶지는 않습니다. 그래서 이와 관련해서 주가가 평균 성공 수익 수준을 넘어섰다면, 수익을 손실로 전환시키지 않는다는 투자 철학과 트레이딩 계획에 따라 스톱을 손익분기점으로 옮길 겁니다.

종목이 목표 수익을 달성하면
부분적으로 정리하나요,
아니면 차트상 팔아야 할 때만 파시나요?

미너비니   목표가는 드물게 설정합니다. 저는 차트 그리고 제가 진 위험 대
비 얼마나 올랐는지를 봐요. 잠재적 보상이 제가 진 위험보다 크
다고 생각할 때 사고, 하방 리스크가 보상보다 크다고 생각할 때
팝니다. 보통 손절 금액의 2배에서 6배 사이 어딘가에서 제가 진
위험의 몇 배수를 성취했다면, 이때 안전장치를 두고 주식 상승
가격을 따라갑니다.

라이언   저는 차트가 지지 가격을 깰 때 팔려고 합니다. 목표 가격을 설정
할 때의 문제는 최상위 종목들은 누구도 예상치 못하게 굉장히
멀리 간다는 거예요. 20퍼센트 수익을 실현할 때는 기분이 좋았겠
지만, 해당 종목이 300퍼센트 오르면 매우 고통스러워집니다. 종

목이 첫 움직임을 얼마나 빨리 만드는지, 회사의 이익은 얼마나 큰지 그리고 시장 상황이 어떤지에 따라 많은 게 달라집니다.

쟁거   목표를 설정할 때 본질적인 문제는 80달러로 설정했는데 주가가 120달러로 오를 때처럼 큰 움직임을 놓친다는 겁니다. 예전에는 목표가를 설정하기도 했고 앞으로 다시 할 수도 있겠지만, 결국은 주가의 움직임이 목표가를 알려 줍니다. 목표가는 전형적으로 과거나 통계적인 움직임, 즉 어느 정도 평균적인 행동 방식에 따라 예측합니다. 하지만 큰 수익을 내는 성공 주식들은 평균에서 한참 멀리 있죠. 목표가라는 것은 경마장에서 출발할 때 우승마를 쏴 버리는 거나 같습니다.

릿치 2세   최소 목표는 평균 수익 초과인데, 평균 수익이 보통 위험 대비 두 배 혹은 그 이상 됩니다. 저는 수익 실현을 위해서 임의로 목표 금액을 설정하지는 않습니다. 가격 움직임을 보고 포트폴리오의 다른 종목 또는 관심 종목 대비 어떻게 움직이는지를 보고 싶기 때문입니다.

스톱 가격에 도달하기 전에
약세 움직임을 보이는 종목을 파실 건가요?
조기 매도는 어떤 이유로 합니까?

미너비니   저는 '규칙 위반' 목록을 갖고 있습니다. 주가가 적은 거래량으로 돌파세를 보이거나 상당한 거래량으로 다시 후퇴하는 경우가 여기에 해당합니다. 3회 혹은 4회 연속 지지 움직임 없이 전 저점보다 더 낮은 저점을 기록해도 규칙 위반이고, 돌파 직후 20일 이동평균선이나 더 안 좋게는 50일선 아래에서 마감해도 규칙 위반입니다. 추세를 형성하지 못하고 주가가 떨어진 날이 올라간 날보다 많아도 역시 규칙 위반입니다. 이와 같은 규칙 위반이 쌓이기 시작하면 저는 아마 주가가 스톱 가격에 도달하지 않아도 종목을 매도할 겁니다.

라이언   네, 많은 이유로 때때로 주가가 스톱 가격을 치지 않아도 합니다.

약세 움직임은 시장 평균이 하락 중이거나 종목이 속한 그룹의 여건이 변화하고 있다는 걸 보여 줄 수도 있습니다. 심지어 종목의 상대강도가 떨어지고 있을 때 자금을 옮길 더 나은 움직임의 종목을 찾았을 수도 있어요. 종목이 움직일 시간을 충분히 주고 싶지만, 자금이 너무 오랜 시간 횡보하는 종목에 묶여 있는 것도 원하지 않습니다. 시장의 약세가 보통은 주요 이유지만, 그룹이 약세이거나 실적이 발표되었는데 너무 많은 다른 종목들의 주가가 터지는 것도 이유가 될 수 있습니다.

쟁거 시장이 하락하는 것은 심각한 이유입니다. 주가가 지지부진하거나 주로 사용하는 이동평균선 밑으로 가로질러 내려가거나 높아진 추세선이 거래 종료를 촉발할 수도 있습니다. 저는 약세가 형성되었다고 판단하는 순간 약세 종목을 팝니다. 약세 종목은 빨리 떨어지고 현금이 매여서, 더 좋은 움직임을 보이는 주식을 매수하는 데 방해가 됩니다. 이들을 바로 팔고 훨씬 좋은 움직임의 다른 종목으로 옮겨 가거나 현금을 보유하는 것이 가장 좋다는 걸 배웠습니다.

릿치 2세 네, 종목이 일정 가격대를 돌파했는데 상승세를 만들지 못하고 정체되면 다른 종목을 사고 싶죠. 저는 포트폴리오의 총위험 금액을 늘리고 싶지 않을 때, 다른 종목을 사기 위해 종목 하나를 팔기도 합니다. 주식이 제 기대에 미치지 못하면, 즉 돌파 후 금방 올라가지 않고 주저앉은 채로 있다면 다시 돌파세가 나타날 때 재매수할 수 있다는 걸 알기 때문에 해당 종목은 잘라 낼 수도 있습니다.

제가 만약 포지션을 5개 들고 있다고 해 봅시다. 이 중 3, 4개의 종목이 스톱 주문으로 거래가 종료됩니다. 시장이 매우 안 좋게 움직이고 있다는 뜻이겠죠. 주요 지수들은 분산 단계로 보이는 데다가 관심 목록의 다른 종목들의 움직임도 좋지 않습니다. 이럴 때 저는 주가가 사전에 결정한 스톱 가격들을 건드리지 않아도 현금으로 옮기는 판단을 할 것입니다. 어쩌면 보유 물량을 모두 매도할 수도 있습니다.

MOMENTUM MASTERS

실수 또는 결정을 잘못 내려서
주식을 판 적도 있나요?

미너비니 물론이죠! 실수했다고 깨닫는 순간, 바로잡으세요. 저는 돈을 쌓아 가길 원하지, 실수를 쌓아 가길 원하지 않습니다. 실수했다는 걸 알면서 보유하는 건 논리적이지 못해요.

라이언 네, 트레이더가 갖출 수 있는 가장 중요한 자질이 실수를 인정하고 되도록 작은 손실을 취하는 거예요. 시장에서는 높은 자존심이 높은 손실로 이끕니다. 시장과 싸우고, 실수를 받아들일 정도로 충분히 유연하지 못하면 심각한 손실에 이르게 됩니다. 의사들은 대부분 실수를 인정하면 고소당할 확률이 높아서 실수를 인정하지 않습니다. 그렇기 때문에 그들은 좋은 투자자가 되지 못합니다.

쟁거 물론이죠. 쓰레기 같은 주식을 빨리 팔고, 잘나가는 종목으로 빨리 움직일수록 더 편히 잠들 수 있을 겁니다.

릿치 2세 실수를 마지막으로 한 게 언제인지 잘 기억나지는 않지만, 정말 바보같이 매수를 했다면 당연히 당장 나갈 겁니다.

주가가 상당히 올랐다가 후퇴하기 시작하는 수익률 좋은 주식의 매도 시기를, 특히 상승 추세가 그대로일 때 어떻게 결정합니까?

미너비니 고정된 수익률은 없습니다. 괜찮은 수익이 손실로 바뀌도록 내버려 두지 않는 게 제 기본 원칙입니다. 주가가 많이 오르지 않았다면 최초 스톱 가격을 고수합니다. 반면 수익이 꽤 생겼다면 수익 보호 모드로 들어갑니다. 스톱 주문을 걸어 수익의 상당 부분을 지킵니다. 강세 가격에 이미 부분적으로 매도를 하겠죠. 저는 이런 방식을 선호하구요.

라이언 일반적으로 매도할 때 찾아보는 건 풀백의 비율이 아니라 현재 일어나고 있는 기술적 분석 또는 펀더멘털상의 변화입니다. 저는 수익이 많이 나고 있는 성공 포지션들에 대해서는 모 아니면 도식의 결정을 하지 않습니다. 저는 점진적으로 매수, 매도합니다. 종목에 큰 움직임이 있었고 확장 상태이면서 풀백이 시작될 것 같다면 포지션 중 일부를 매도할 수도 있겠지만, 주도주처럼 보이는 종목의 포지션은 절대로 포기하지 않습니다. 전체 포지션을 매도하고 나면, 다음 나타날 큰 상승을 놓칠 수 있거든요.

쟁거   포트폴리오의 몇 퍼센트가 해당 종목으로 구성되었는지, 차트의 상승 각도는 얼마나 가파른지, 종목이 얼마나 오래 상승했는지 그리고 유동성이 어떤지 등 많은 요인에 따라서 정말 달라집니다. 상승의 각도가 가파를수록 그리고 브레이크 아웃 영역에서 더 많이 확장된 상태일수록 시간 여유를 줄입니다. 한 예로, 주가가 30도의 오르막을 오르고 있고 포트폴리오의 많은 부분을 차지하고 있다면 훨씬 더 많은 여유를 줄 겁니다. 그리고 네, 이 말은 차트가 더 가파르게 보일수록 더 큰 변동성이 있다는 걸 내포합니다.

저도 가끔 이용하지만 많은 트레이더가 10일 혹은 21일 이동평균선을 매도 포인트로 이용합니다. 상승하는 추세선 또는 주요 방향 전환 막대 패턴을 이용할 수도 있습니다. 저는 절대 한 가지 도구에만 집착하지 않아요. 제 도구함은 항상 열려 있고 상황에 맞는 제대로 된 도구를 씁니다.

릿치 2세   이게 스윙 트레이딩을 할 때 어려운 부분 중의 하나라고 생각하는데요. 가장 큰 수익을 실현한 종목이 결국 훨씬 더 높이 올라가곤 하기 때문입니다. 답은 제가 '정상적' 움직임이라고 부르는 것을 여러분이 얼마나 감당할 수 있는지에 따라 다릅니다. 한 예로, 주가가 후퇴 없이 상당히 많이 올라간다면 더 큰 규모의 풀백이 정상적입니다. 만약 풀백을 겪고 싶지 않다면 포지션을 유지하고 싶은 정도로 포지션을 다듬으면 됩니다.

저는 고정된 비율보다는 풀백이 일어날 때의 거래량을 더 봅니다. 예컨대 만약 종목이 풀백 없이 20퍼센트 상승했다면 상승의 3분의 2는 내어 주면 안 됩니다. 더 심하게 후퇴할수록 더 강하게 반등해야 합니다. 가격 움직임은 얼마나 많이 후퇴했는지와 관계없이 이상적으로는 항상 상승 방향을 확인시켜 줘야 합니다. 주가가 거래량을 동반한 채 후퇴해서 그 자리에 주저앉으면 최소한 현재 축적 단계에는 있지 않다는 신호입니다.

수익을 내는 종목이 강세일 때, 이익을 실현하는 것과 계속 보유하는 사이의 그 미묘한 줄타기를 어떻게 합니까?

미너비니   저는 고점에 파는 건 그다지 신경 쓰지 않습니다. 거의 불가능하니까요. 위험 대비 보상이 양에서 음으로 바뀌었다고 생각할 때 팝니다. 새로운 강세장의 초기에는 수익률이 좋은 주식들은 계속 놔두는 편입니다. 하지만 스윙 트레이딩을 할 때는 포지션의 3분의 1이나 2분의 1, 많게는 75퍼센트 내에서 포지션을 매도하고, 나머지는 더 큰 움직임을 위해서 보유합니다. 새로 나타난 주도주라면 트레일링 매도 가격으로 50일선을 이용할 겁니다.

라이언   그건 종목이 얼마나 강한 움직임을 보였는지에 따라 다르게 판단할 문제입니다. 3주 안에 점층적으로 약 30퍼센트 상승했는데 움직임이 나온 지는 적어도 1년이 지났다면 당연히 매도를 시작할 겁니다. 만약 길게 다져진 베이스에서 나와 처음 만드는 움직임이라면 계속 보유할 거고요.

쟁거 전적으로 가격 움직임에 달려 있습니다. 다른 종목들은 몇 달을 더 상승하는데 어떤 종목들은 1, 2주 빠르게 상승하다가 벽돌 떨어지듯이 떨어질 수도 있습니다. 저는 원원 상황이 보일 때까지는 빠르게 움직이는 종목의 포지션은 줄이는 게 좋다고 생각합니다. 저는 주가가 오르면 포지션의 50퍼센트를 팝니다. 그러고 나서 주가가 다시 초기 매수 가격대로 돌아가면 나머지 반을 팔아서 꽤 괜찮은 수익을 챙깁니다.

릿치 2세 저는 둘 사이의 조화를 찾아내고자 노력합니다. 자신의 트레이딩 방법과 기준을 바탕으로 합리적인 수준이 무엇인지 알고 기대하는 것이 중요하다고 생각합니다. 수익을 조금이라도 더 내고자 노력하는 포지션 트레이더라면 어떤 종류의 포지션 트레이딩을 하건 간에 성공적인 종목은 어느 정도까지는 계속 갈 수 있게 놔두면 됩니다. 관건은 얼마나 멀리 그리고 얼마나 오래갈 수 있느냐겠죠. 여기서 핵심은 전체 손실에 대비해서 순기대 수익이 양이 되는 만큼만 승자들을 놔두는 겁니다. 굉장히 작은 손실을 취한다면, 수익이 이틀만 더 쌓일 수 있도록 놔두다가 팔 수도 있습니다. 성공하기 위해서 주가 움직임 전체를 다 잡아야 한다는 생각에 얽매이지 마세요. 평균 기대 손실을 상쇄하는 것보다 많을 정도로만 움직임을 이용해도 충분합니다. 강세일 때 가격으로 상승 종목을 매도하는 것 정도면 가능할 겁니다.

포지션을 매도해서 스윙 트레이딩 이익을
실현하는 대신 큰 움직임을 위해서
계속 보유할 때도 있나요?

미너비니   우선 본인의 트레이딩 스타일부터 정해야 합니다. 여러분은 트레
이더입니까, 투자자입니까? 포지션을 일정 부분 고정해 놓고 나머
지로 트레이딩을 할 수는 있지만, 트레이딩 스타일을 결정하지 않
는 건 다른 문제입니다. 자신을 아주 괴롭힐 수가 있어요. 주식이
더 높이 올라가면 보유하지 않았다고 스스로를 책망할 거고, 보
유하고 있는데 더 내려가면 팔았기를 바랄 겁니다. 가장 중요한
건 수익을 거두면서 잘 되고 있는 종목의 수익보다 손실을 더 작
게 유지하는 거예요. 보유하기에 가장 좋을 때는 새로운 강세장의
초기이고, 매도하기 가장 좋은 때는 보통 몇 년 후인 강세장의 후
기입니다.

라이언 새로운 강세장의 시작 단계이고 포트폴리오에 주도주가 있다면 긴 움직임들을 위해서 보유하세요. 장기간 주식이 움직였다면 그리고 아주 많은 베이스를 만들었다면, 지금 나온 움직임에 대해서만 거래하면 될 겁니다.

쟁거 저는 연준이 이자율을 내릴 때는 종목을 더 오래 남겨 두는 편입니다. 물론 엄청난 버블 후에 연준이 이자율을 내리고 주가는 폭락했던 2001년의 시장 붕괴 상황이 아닐 때의 얘깁니다. 이때 나스닥은 가치의 80퍼센트를 내줬죠. 당연히 저도 이때 전략을 조정했을 거예요.

릿치 2세 저는 이 문제를 계속 시험해 보고 발전시키고자 합니다. 매수하는 시점에서 어떤 걸 사든 간에 고정 목표 가격을 정해 놓지 않는 주요 이유이기도 합니다. 제가 보는 첫 번째는 매수할 때 주가의 움직임입니다. 최고의 거래들 중에는 거의 즉각적으로 걱정 근심이 사라지는 경우가 있습니다. 타이밍이 완벽하다면 이들 거래에서 진입 가격 밑으로 종목이 거래되는 일은 없을 겁니다. 더 큰 수익을 위해서 길게 보유한다면, 이게 가장 중요한 이유일 거예요. 다른 이유로는 주가가 어떤 기술적인 패턴을 그리는지, 시가총액 면에서 얼마나 큰 종목인지, 종목이 얼마나 인기가 있는지, 회사의 이익과 매출은 어떤지, 어떤 그룹에 속해 있는지 등을 이야기할 수 있습니다.

타임 스톱을
사용하기도 하나요?

미너비니 저의 타임 스톱은 최초 진입 시점과 저의 예상을 기준으로 합니다. 예를 들어 매일 아침 출근할 때 타는 6시 5분 기차가 아직 도착하지 않고 어느덧 7시 45분이 되었다면, 무언가 잘못되었다고 추측해 볼 수 있습니다. 트레이딩에서라면 저의 예상과 실제 일어나는 일의 차이가 기준이 됩니다. 저는 기차가 정해진 시간에 맞춰 오는 것이 좋습니다. 주식이 제가 기대한 대로 움직이지 않았다면 단지 그것만으로 주식을 팔 이유가 됩니다.

라이언 아니요. 저는 종목의 움직임을 주도주와 비교해서 판단합니다. 다른 종목들이 오를 때 상승하지 않으면 해당 종목의 상대 강도는 하락할 거고, 결국 저는 팔고 나올 겁니다. 그래서 저는 x일 또는 x

주처럼 특정한 시간 범위를 쓰지는 않습니다.

쟁거   주식의 움직임에 달려 있지만, 움직임이 오래 쓴 고무줄 같다면 포지션을 줄입니다. 타임 스톱 개념과 비슷하죠.

릿치 2세   트레이딩 기간이 짧을수록 타임 스톱을 더 많이 씁니다. 스윙 트레이딩을 할 때보다는 데이 트레이딩을 할 때 타임 스톱을 쓸 가능성이 더 높아요. 트레이딩 기간이 늘어나면서 스톱 가격을 고수하는 편입니다.

실적 기간에는 포지션을 어떻게 처리합니까? 실적 발표 때 종목을 보유하나요, 포지션을 줄이나요, 아니면 매도하나요? 그것도 아니면 보유하고 스톱 가격 밑으로 갭이 출현하면 즉시 파나요?

미너비니   보유할 때도 있고 보유하지 않을 때도 있습니다. 과학처럼 딱 떨어지지 않아요. 완충 역할을 할 여유 이익이 없다면, 특히 포지션이 과하게 크다면 보유 종목 수를 줄일 겁니다. 저는 실적 시즌에 절대로 큰 포지션을 유지하지 않습니다. 실망스러운 실적 발표로 주가가 급하락하면 거의 항상 매도합니다. 나중에 주가가 다시 돌아왔든, 돌이켜 보니 잘못 팔았다고 생각하든 상관없습니다. 그 순간 저는 이미 틀렸고, 저는 제 자존심을 지키는 것에는 관심이 없습니다. 제가 유일하게 걱정하는 건 추가 손실로부터 포트폴리오를 보호하는 겁니다. 위험을 제한하기 위해서 옵션을 사용할 수도 있고 포지션을 헷지할 수도 있을 겁니다. 그러나 저는 일반적으로 이렇게 하지 않습니다. 제 원칙은 실적 발표처럼 중요한 이벤트가 있을 때는 큰 포지션을 절대로 쥐고 있지 않는다는 것입니다.

라이언 갖고 있는 게 아니라면, 실적 발표 전에 매수하지 않을 겁니다. 수익이 괜찮게 나고 있다면 포지션 사이즈를 줄일 겁니다. 포지션을 보호하려고 풋을 사기도 하지만, 그렇게 자주 있는 일은 아닙니다. 스톱 가격 밑으로 갭 하락이 발생한다면, 첫 30분 이내에 랠리가 있는지를 볼 겁니다. 만약 첫 30분에 저점 밑으로 간다면 포지션을 없앨 거예요.

해당 종목에 완충 역할을 할 이익이 있다면 실적 발표 기간 내내 보유할 겁니다. 다만 발표가 있기 전 재무 정보를 포함한 회사 관련 기본 사항을 아주 잘 알고 있어야 할 겁니다. 실적 발표 직전에 새로운 포지션에 들어가는 건 좋아하지 않습니다. 실적 발표 기간에 들어갈 때는 포지션을 줄일 때도 있습니다. 계속되는 상승이 있었다면 실적이 기대치에 부합할 거라는 기대가 너무 높다는 것을 알 수 있거든요.

쟁거 앞서 말씀드린 것처럼 실적 발표 때 주식을 쥐고 있지 않습니다. 실적 발표 전날 모든 포지션을 매도하고, 실적 관련 뉴스가 잘 나오고 향후 목표 이익이 높게 발표되면 종목 매수를 다시 고려합니다. 물론 차트상으로 베이스가 잘 형성되어 있고 주가가 이를 뚫고 나올 때에 한해섭니다. 상승 움직임이 시작되는 시점에서 몇몇 훌륭한 주식을 놓칠 수도 있습니다. 그러나 목표 이익 달성에 실패해서 20달러 갭 하락한 후 80달러가 된 주식을 피했다면, 이것만큼 기분 좋은 일은 없습니다. 어쩌다 한 번 생기는 이익은 실적 발표 종목을 보유하면서 갖는 위험과 금전적, 감정적 손해를 정당화하기 힘듭니다. 사실 저는 실수로 실적 발표가 일찍 나올 경우를 대비해서 하루 전에 매도합니다.

릿치 2세   저는 큰 포지션이나 손실을 내고 있는 종목을 절대 갖고 있지 않습니다. 확인하는 점검 목록 같은 게 있지만, 제게 가장 중요한 건 큰 규모의 포지션을 갖고 있다면 거래에서 수익이 나고 있어야 한다는 거예요. 확인 당시 포지션이 아주 작은 경우가 아니라면, 수익이 없을 때 보유하는 일은 거의 없습니다. 스톱 가격보다 훨씬 밑에서 갭 하락한다면 저는 그냥 팝니다. 주요 가격 구간 또는 그 밑에서 갭이 일어난다면 지지가 나타나는지 잠시 기다릴 수도 있지만, 보통은 반등에서 기회를 찾아 팝니다.

자금이 모두 투입된 상태에서
거래 요건을 충족하는 새 주식이 생기는 경우
기존 포지션을 파나요?
만약 그렇다면 어떤 것을 먼저 파나요?
수익이 가장 높은 것부터인가요,
아니면 가장 저조한 것부터인가요?

미너비니   새로 나타난 브레이크 아웃에 매수하기 위해서 기존 보유 종목
중 확장 단계의 종목을 팔 수 있습니다. 하지만 단기적으로 확장
단계라는 이유로 강세 종목들을 팔지 않도록 주의합니다. 강력한
주식들이 더 높이 올라가곤 하거든요. 대부분의 경우—강세 종목
들의 경우—더 큰 움직임을 타기 위해 일부 물량은 계속 보유할
겁니다. 만약 손실이 있는 종목이 있다면, 보통 그것부터 팝니다.
만약 스톱 가격을 건드리면 자동으로 현금이 들어오는 거고요.

라이언   성적이 좋지 않은 종목이 항상 가장 먼저 떠나야 할 종목입니다.
인내심을 갖고 주식이 움직임을 만들어 낼 때까지 충분한 시간을
줘야 합니다. 시장이 상승 추세에 있는 동안 종목이 횡보를 하고

있다면 결국 종목의 상대 강도가 떨어질 거고 주식은 팔릴 겁니다. 포트폴리오의 자본은 항상 주가가 올라가는 종목을 향해 순환하도록 합니다.

쟁거 잘 상승한 후 확장 단계에 있는 종목을 줄일 수도 있고요. 혹은 성적이 뒤처지는 종목을 완전히 매도하고 새로 발견한 종목을 시험 삼아 사서 어떻게 움직이는지 볼 수도 있습니다. 당연히 첫 선택은 성적이 가장 나쁜 종목들일 겁니다.

릿치 2세 그럴 수도 있지만, 지금보다 더 좋은 상황이 될 거라고 판단할 때에 한합니다. 이런 의미에서 절대로 새 포지션을 위해서 수익을 잘 내고 있는 주식을 팔지는 않을 겁니다. 저에게 이건 비논리적이에요. 제가 보유한 종목 대비 새 종목은 온전한 위험 프리미엄까지 붙었으니, 더 위험한 걸 사기 위해 이미 잘 풀리고 있는 덜 위험한 것을 팔고 나오는 거니까요. 다만 아주 조금 오르거나 상승세가 제대로 형성되지 않은 포지션은 팔 수도 있습니다. 만약 해당 종목의 주가가 회복하고 돌파세를 다시 보이면 다시 매수할 계획을 세울 겁니다.

며칠 혹은 몇 주 만에 20퍼센트 이상 상승하는 종목의 포지션은 어떻게 관리합니까?

미너비니   해당 종목이 강력한 상승세를 보인다면 보유 기간을 특별히 늘릴 겁니다. 부분적으로 매도하고 나머지를 보유할 수도 있고요. 전에 말씀드린 것처럼 매우 강한 종목을 단기적인 확장 단계에서 팔지 않도록 주의해야 합니다. 특히 새로운 강세장 초기에 강한 상승을 보이는 종목들은 상당한 상승을 앞둔 시장의 주도주일 수 있습니다.

라이언   계속 보유합니다. 그런 강세를 보이는 종목이라면 보통은 주도주이고, 장기적인 움직임을 노려야 해요.

쟁거   주가가 여전히 강세일 때 포지션을 줄이는 것이 저의 방식입니다.

초보 트레이더들의 가장 큰 문제는 이 종목 하나면 부자가 될 수 있다고 믿는 겁니다. 포지션을 계속 추가하거나 보유 기간을 넘기고 너무 오래 주식을 쥐고 있어요. 이렇게 빠른 움직임을 보이는 주식 중 많은 종목이 피로 단계Exhaustion(주가가 한 방향으로 너무 멀리 간 상태. 피로 단계에서는 매수자가 줄어들고 매도자가 세력을 차지하기 시작한다—역주)의 움직임 또는 갭을 만듭니다. 저는 어떤 경우에도 20퍼센트 수익 구간에서 포지션을 줄여 수익을 확보하고, 나머지는 계속 갈 수 있도록 그대로 둡니다. 그리고 제가 앞서 말씀드린 21일 이동평균선 같은 다양한 스톱 관련 전략을 고수합니다.

릿치 2세 더 큰 움직임을 위해서 보유하고 싶은 종목들이지만, 저는 말씀하신 그런 강세가 지속되는 구간이라면 점진적으로 포지션을 팝니다. 이때 보유 포지션 일부에서 매우 흡족한 이익을 실현했기 때문에 심리적으로 굉장히 강한 상태가 됩니다. 그러니 가격이 후퇴해도 부분적으로 이익을 취했으니 기쁘고, 랠리가 상당히 길어져도 나머지 포지션을 보유했으니 기쁩니다.

성공적인 거래는 어떻게 관리합니까?
어떤 종류의 매도 신호를 이용하나요?

미너비니   수익을 내는 거래에서 빠져야 할 시간을 알려 주는 것이 많이 있는데요. 중요한 건 고점 가격은 실질적으로 절대로 잡을 수 없다는 걸 깨닫는 겁니다. 성공적인 트레이딩은 고점과 저점을 맞히는 게 아닙니다. 매수한 지점보다 더 높은 곳에서 파는 게 목표죠. 부담하는 위험보다 더 돈을 버는 것 그리고 반복적으로 그렇게 하는 게 목표입니다.

일단 포지션이 적절한 수익을 내는 단계로 들어가면 손절 스톱을 손익분기점 가격으로 옮깁니다. 아직 주가가 앞으로 나아가고 있을 때 강세 가격에서 팔려고 합니다. 저는 트레일링 스톱을 좋아하지 않는 반면 '백 스톱_{Backstop}'(안전장치—역주)은 종종 사용합니다. 백 스톱은 수익의 일부분을 보호하고, 또 주가가 스톱 가격 이상인 한은 거래를 허용하는 스톱 주문입니다. 주가가 백 스톱 가격에서 많이 올라가면 저는 팔거나 백 스톱을 높일 겁니다. 주가가 더 높이 올라갈수록 백 스톱을 점점 더 조이는데, 그렇게 언젠가는 거래가 자동 종료되고 이익이 확정됩니다.

라이언 만족스러운 수익이 나고 주도주에 편승한 것 같다면, 해당 종목이 움직일 수 있는 여유를 줍니다. 스톱 가격의 8퍼센트 손실 비율은 초기 매수에만 적용합니다. 그 이후에는 스톱 가격을 손익분기점으로 옮깁니다. 저는 수익을 보호해야 하는 지점을 분간하기 위해 이동평균선, 추세선 그리고 통합이 일어나는 구간 등을 이용합니다.

주가가 큰 움직임을 보였다면 종목의 행동 방식에 변화가 있는지를 살펴봅니다. 많은 거래량을 동반하면서 떨어졌다가 가벼운 거래량으로 급상승하는지, 직전 베이스를 뚫고 내려갔는지, 50일 또는 200일 이동평균이나 최근 상승 추세선을 깨고 아래로 내려갔는지 등 제가 찾는 변화는 대부분 본질적으로 기술적인 것들이고, 저는 종목의 행동에 집중합니다.

쟁거 성공적인 거래를 관리한다는 건 거래량이 동반된 굉장히 가파른 상승 추세선이 깨지거나 21일 이동평균선이 깨지거나 50일 이동평균선이 깨지는 것 같은 매도 신호가 나올 때까지 종목이 굴러가도록 내버려 두는 겁니다. 저는 21일선이 깨졌거나 굉장히 가파른 높이에 있는 추세선을 선호합니다.

릿치 2세 제게는 매도 신호라는 것 자체가 없습니다. 제가 원래 감수하려 했던 위험 금액 대비 상대적으로 주식이 어디쯤에 있는지를 가장 중요하게 봅니다. 위험 부담 금액의 몇 배인 수준으로 수익이 났다면 크게 상승 마감한 날 또는 추세 전환이 있었는지 등 수익을 실현할 만한 신호를 찾아봅니다. 가끔 보는 건 이런 것들입니다. 특정 이동평균값에서 얼마나 멀리 떨어져 확장되었는지도 봅니다. 상승 추세에서 꼭대기에 가깝거나 상승세가 가속화되고 있다면 이것도 자주 부분적으로 매도하라는 신호입니다.

주가가 최초 위험 금액의 최소 두 배가 되지 않는 주식은 강세일 때 팔지 않을 겁니다. 이건 장기간에 걸쳐 제가 확립한 저의 트레이딩 기준에 따른 거예요. 만약 종목이 이 지점을 통과하면, 이익을 취할 수익이 부분인지 전체인지를 결정하기 위해 제가 만든 목록의 항목을 이용합니다. 이 목록은 주가 움직임이 얼마나 좋다고 인식하는지, 나의 거래가 전체적으로 얼마나 잘 풀리고 있는지, 종목의 이익과 매출은 얼마나 강한지뿐만 아니라 종목이 속한 그룹 등을 포함합니다.

MOMENTU

심리

거래를 과도하게 하고 싶은 충동과
싸우는 방법은 무엇입니까?
손을 놓고 아무것도 하지 않을 때는
언제인가요?

미너비니   저는 주식과 기준이 저를 인도하도록 내버려 두는 식으로 충동과
싸웁니다. 충동적인 거래는 제 계획에 없어요. 기준에 따라 특정
요건들이 충족되지 않으면 거래하지 않아요. 결과적으로, 제 원칙
에 맞는 거래 요건이 충족되었다면, 거래합니다. 그렇지 않다면 가
만히 앉아서 기다립니다. 단순한 겁니다. 이건 여러분이 자신을 본
인의 의견으로부터 분리시킬 수 있을 때 그리고 시장이 여러분을
이끌어 가도록 스스로 허용했을 때만 가능합니다.

라이언   자본을 잃고 싶지 않기 때문에, 손실이 발생하는 일이 많아지면
점점 더 작은 규모로 거래합니다. 약세장 또는 횡보 장세에서라면
시장이 움직이는 방향에 따라 수익과 손실이 결정되는 롱 포지션

을 전혀 갖지 말아야 할 때도 있습니다.

쟁거 수십 년 동안 시장에서 큰 화재를 겪었거나 이를 본 경험이 있다면, 불에 손을 집어넣으면 안 된다는 것쯤은 배웁니다. 불에 너무 많이 데인 저로서는 롱 포지션일 때건 숏 포지션일 때건 '변덕', '진창'과 같은 단어들의 진정한 의미가 잊히지 않네요. 시장의 행동은 뚜렷이 구별되는 반복적인 패턴을 따르기 때문에 시장이 이상하게 돌아갈 때는 필요한 만큼—몇 주 혹은 몇 달 동안—물러나 있어야 한다는 걸 본능적으로 배우게 됩니다. 그렇다고 그 기간 동안 휴가를 가거나 시장에 등을 돌리지는 마세요. 시장이 진정되고 정상으로 돌아올 때 이를 알아볼 수 있도록 매일 시장을 지켜볼 필요가 있습니다. 변덕스러운 장세에서도 성실한 태도를 유지하는 것이 좋은 타이밍을 잡는 방법 중 하나입니다.

릿치 2세 특히 직업적으로 트레이딩을 시작하고 생활비를 벌려고 한다면, '먹고살아야 한다'는 이유가 의무적으로 거래하게 만들기 때문에, 어려운 문제 중 하나가 됩니다. 가장 쉬운 해결 방법은 최근 트레이딩 결과를 항상 주시하고, 스스로 잘한 정도에 따라 트레이딩 빈도를 조절하는 거예요. 잘 풀릴 때는 거래에 계속 들어가고, 잘 안 될 때는 더 선별적으로 하세요.

분석 마비를 피하는 데
도움을 줄 수 있을까요?
그리고 실제로 행동을 취하도록
도와줄 수 있는 조언이 있을까요?

미너비니   행동을 취하고 방아쇠를 당기는 데 어려움을 겪는다면 작은 규모로 거래하기를 권합니다. 거래가 편안해질 때까지 필요한 만큼 작게 거래하면 됩니다. 시간이 지날수록 자신감을 갖게 될 겁니다. 이때 주의할 점은 적당한 수준에서 손절하고, 지나치게 큰 손실을 경험하지 않아야 합니다. 큰 손실은 은행 계좌뿐만 아니라 여러분의 자신감까지 망가뜨릴 것이고, 결국 더 불안감을 느끼게 될 겁니다.

라이언   자세한 수칙까지 정해 놓은 방법이 있어야 합니다. 종목이 설정한 모든 기준을 충족하면 그때 거래에 들어가세요. 아니라면 아무것도 하지 마세요.

쟁거   시장 트레이딩에 관한 한 '분석 마비$_{Analysis Paralysis}$'(과도한 정보와 분석으로 생각이 너무 많아져서 결정을 못 내리는 상황—역주) 질문은 두 부분으로 생각해 볼 수 있을 겁니다. 첫 번째는 그저 거래의 방아쇠를 당길 수 있느냐 하는 문제, 두 번째는 분석에 감정적으로 몰입을 해서 나가야 할 거래에 있을 때 분석이 나를 마비하도록 허락하느냐의 문제입니다.

첫 번째와 관련해서 거래에 들어갈지 말지 과도하게 분석하는 덫에 빠졌다면 여러분은 실패를 두려워하는 걸 겁니다. 작은 포지션으로 거래하세요. 풋과 콜을 이용하세요. 적당한 위험을 가진, 실제로 현금이 걸린 걸로 무엇이든 하세요. 작은 거라도 괜찮습니다. 쌓인 성공이 자신감을 만듭니다.

두 번째 상황에 대해서 얘기해 보자면, 트레이더는 종종 자신이 가진 종목이 너무 훌륭하기 때문에 망가지거나 심한 조정에 들어갈 수 없다는 생각에 뇌가 굳어 버립니다. 자신의 종목은 상승세에 있다는 굳건한 믿음을 갖고, 가격이 명백히 불안한 방식으로 급락하는데도 더 떨어지기 전에 행동하기를 거부합니다. 또는 주가가 10일 이동평균선처럼 높이 움직이는 가격평균선을 깰 때 경계하지 않고 믿음을 굳건히 지키곤 합니다. 이런 마비에 대한 해결책은 간단합니다. 거래에 들어가기 전에 선을 확실히 긋고, 항상 그 선을 고수하면 됩니다.

릿치 2세   모든 트레이더가 작은 규모라도 항상 포지션을 매수하는 일련의 '식은 죽' 조건 세트를 하나씩은 가지고 있어야 한다고 생각합니다. x, y, z 조건이 맞으면 거래에 들어가는, 머리를 쓸 필요가 없는 트레이딩 계획을 만듭니다. 그리고 식은 죽 먹기식 거래나 상황에서 좋은 성적을 내면, 이를 기초로 비슷한 거래를 하거나 기존 포지션을 피라미딩하면서 거래를 늘리는 겁니다.

큰 포지션을 위해
방아쇠를 당길 수 있는
자신감은 어떻게 갖나요?

미너비니   다시 한 번 나오네요. 작게 시작하세요. 시간이 지나면서 더 크게 거래할 수 있는 자신감이 생길 겁니다. 초기에 자신감이 낮은 게 꼭 나쁜 건 아닙니다. 자신을 과신하는 경우 위험도가 높은 거래를 할 수도 있고, 그러다가 큰 손실을 보고 자신감을 모두 잃을 수도 있어요. 겸손하게 시작하고, 차근차근 자신감을 쌓는 것이 더 낫습니다.

라이언   성공은 항상 자신감을 쌓는 데 도움이 됩니다. 작은 포지션으로 좋은 종목을 꾸준히 선택했다면 포지션의 첫 거래를 점차 큰 규모로 시작하세요. 그러니까 5퍼센트 포지션으로 거래를 잘했다면, 이제 7~8퍼센트에서 거래를 시작하는 겁니다. 포지션이 15~25

퍼센트까지 늘어나는 건 시장이 평가 절상되었거나 베이스가 연속적으로 형성되면서 추가로 포지션을 매수할 때에만 가능할 겁니다.

쟁거 무엇이 통하고 무엇이 안 통하는지를 오랜 시간 살펴본 덕분에 회사의 실적을 제대로 읽고 사업 영역에서 지배적인 회사를 알아보는 방법을 배우게 되더라고요. 여기에 차트 패턴과 견고한 베이스 그리고 시장 전반의 움직임을 보는 눈을 겸비한다면, 큰 거래에 필요한 충분하고도 남을 자신감을 갖게 될 겁니다.

릿치 2세 성공이요. 수익률이 좋은 주식 혹은 좋은 시장 움직임을 연이어 만나면서 얻은 수익과 경험 덕분에 더 큰 거래에 들어갈 자신감을 얻게 됩니다. 대부분의 홈런 타자들은 펜스를 넘기려고 공을 치지 않습니다. 오히려 공과 지속적으로 견고한 접촉을 만들 때 홈런이 나오는 걸 자주 봅니다. 주식 트레이딩도 별반 다르지 않습니다. 성공을 조금 맛보면 조금 더 세게 휘두를, 이 경우라면 더 크게 스윙 트레이딩을 할 추가적인 자신감을 얻습니다.

연속적인 손실이 있을 때 어떻게 하나요? 트레이딩을 어떻게 조정합니까?

미너비니   저는 더 작게 거래합니다. 손실이 늘어날수록 더 작게 거래해요. 연속으로 손실을 내는 경우는 보통 전반적인 시장 상황이 좋지 않다는 겁니다.

라이언   점점 더 작게 거래합니다. 속도를 늦추고 방금 거래에서 손실이 난 종목의 재진입을 서두르지 않으려고 노력합니다. 수 일, 수 주 동안 거래를 멈추고 쉴 수도 있어요. 규칙을 재정비하고 과거에 효과가 있었던 부분을 복습합니다. 해당 시점에 성공적인 거래를 위해 집중하고 있는지 스스로 시험도 봐요. 인생에서 어떤 사건을 겪고 있을 수도 있는데, 이럴 때는 다시 완전히 집중할 수 있을 때까지 트레이딩을 멈춰야 합니다.

쟁거   저에게 손실이 연달아 발생한다면 시장이 제대로 작동하지 않는 것이므로, 한발 물러서서 장이 다시 제대로 돌아갈 때까지 기다릴 겁니다. 기간은 몇 주에서 몇 달 혹은 그 이상 걸릴 수도 있어요. 나스닥이 시장 가치의 80퍼센트를 잃었던 2000년 3월부터 2003년 3월까지의 경우처럼 몇 년이 걸릴 가능성도 배제할 수 없습니다.

릿치 2세   눈에 띄는 수익이나 미실현 수익도 전혀 없다면, 거래 횟수를 줄이거나 더 작은 규모로 거래하면서 위험을 줄일 겁니다. 종목 네 개를 샀는데 그중 두 개가 손절 종료되고 나머지 두 개가 손실을 메우고 있다면, 다음 매수 규모나 횟수를 줄여서 시장이 어떻게 돌아가는지를 지켜볼 겁니다. 다만 거래 기조는 그대로 유지할 겁니다.

같은 전략을 오랫동안 쓰는 것 같은데, 투자 원칙에서 벗어나고 느슨해지는 스타일 표류Style Drift를 어떻게 피했나요?

미너비니 전념이요. 전략을 지키기로 마음먹고 전념해야 합니다. 주식과 전략의 관계는 결혼과 비슷해요. 바람을 피우는 등 배우자와의 삶에 전념하지 않으면 좋은 결혼 생활을 어떻게 하겠어요? 본인에게 적절한, 본인이 신뢰하는 체계를 찾아서 전념하세요. 성공은 하룻밤에 이루어지지 않는다는 걸 이해해야 합니다.

라이언 다른 방법도 써 봤지만 성장주 투자만큼 잘 통하는 걸 아직 찾지 못했습니다. 잘 작동하는 다른 방식이나 전략이 없다는 건 아니고, 이게 제 성격에 가장 잘 맞는 것 같아요.

쟁거 현재 시장 상황에 맞춰 조정해야 하지만 모멘텀 트레이딩은 거의 변함이 없습니다. 전략과 전술의 차이라고 할까요? 저의 전술은 변하지만 저의 전략은 변하지 않습니다.

항상 같은 차트 패턴을 반복해서 만들 정도로 시장 움직임의 결과는 한결같지만, 그럼에도 불구하고 우리는 항상 현재 시장 행동에 맞춰 적절한 조정에 들어가야 합니다. 현 시장 상황에 적응하기 위해 트레이더가 꼭 생각해 볼 전술적인 변화는 다음 질문에 포함되어 있어요. '시장이 단순히 높게 표류하고 있는 것일까, 아니면 힘차게 상승하는 것일까', '부진한 시장인가?', '브레이크 아웃은 보통 실패하나?' 그리고 가장 중요한 전술적 변화 중 하나는 시장이 조정에 들어갈 때 마진이나 옵션을 쓰지 않는 겁니다. 저는 시장이 던져 주는 상황에 저의 스타일을 맞추는 모멘텀 트레이더입니다.

릿치 2세 저는 항상 이틀에서 두 달 정도라고 할 단기간 동안 주식으로 구성된 포트폴리오를 거래합니다. 일종의 다중 전략 접근법을 쓰기 때문에 이 질문은 저에게 해당되지 않습니다. 포트폴리오 내에서 초과 현금—하루 평균 투자 비율은 매우 낮습니다—을 써서 더 짧은 기간에 유동성이 높은 선물에 투자합니다.

원칙에서 벗어날 때도 있나요?
무엇이 집중력을 떨어뜨렸습니까? 그리고
어떻게 다시 본 궤도로 돌아오시나요?

미너비니 저도 인간이고 완벽하지 않습니다. 그러니까, 답은 예입니다. 하지만 원칙에서 벗어난다고 해도 많이는 아니고, 꽤 빨리 제자리로 돌아옵니다. 항상 그랬던 건 아닙니다. 처음 트레이딩을 시작했을 때 저는 원칙에서 벗어나 있었어요. 물론 결과의 일관성은 원칙의 일관성과 나란히 움직였습니다. 마침내 제가 어떻게 하고 있는지 진지하게 살펴보게 되었고, 실수에서 배우고, 계획을 지키겠다고 처음이자 마지막으로 결심했습니다. 실수를 아주 면밀히 분석하고 긴밀히 이해해서 다시는 같은 실수를 만들지 않겠다고 말입니다.

집중력을 잃게 하는 유혹이 많습니다. 그래서 일정한 규칙과 계획을 갖는 게 정말 중요해요. 그러면 어려운 결정에 직면했을 때 많은 걸 생각할 필요가 없을 거예요. 계획만 따르면 됩니다. 저는 관찰은 유연하게 하지만 철학에는 유연하지 않습니다. 기술과 전술은 진화하지만 근본적인 진리는 항상 그대로입니다.

라이언　여러 개의 다른 접근법을 제법 시도해 봤습니다. 예를 들면 회사의 실적 상승 전환에 따른 매수법, 주가의 풀백에 따른 매수법, 피보나치 되돌림Fibonacci Retracements(앞 두 숫자의 합이 다음 숫자가 되는 피보나치 수열의 비율에 따라 두 가격 간 거리를 나누어 주요 지지선, 저항선을 파악하는 기술적 분석법—역주), 이외에도 여러 가지 전략을 시도해 봤습니다. 저는 윌리엄 오닐사에서 일할 때부터 따른 기본적인 고성장 주식 접근법에서 벗어난 적이 없습니다. 다만 앞서 나열한 전략을 포트폴리오의 일부분에 적용해 본 적은 있습니다. 항상 신고가를 갱신하는, 이익이 가속화되고 있는 회사를 살 때 거래가 성공적이었습니다. 이 방법은 과거에 잘 작동했고 앞으로도 계속해서 잘 작동할 겁니다.

쟁거　차트를 읽는 모멘텀 트레이더라면 대부분 어느 시점에는 새로운 걸 시도해 보기 위해 기본 거래 계획에서 벗어날 때가 있을 거라고 생각합니다. 트레이딩이라는 게임에서 배움의 과정이 절대 끝나지 않는다고 생각하면 놀랄 일은 아니죠. 개인적으로 저의 트레이딩 실수의 근간에는 지루함이 있었다고 생각해요.

이 질문은 더 큰 질문을 제기하네요. "트레이딩 원칙을 이탈하고 선을 넘는 순간은 언제입니까"라고 묻는 거죠? 우리는 현실에서 분리되어 자기만의 생각과 인식에 빠지기 쉽죠. 자, 효과가 좋은 치료제를 알려 드릴게요. 이 치료제가 여러분이 녹초가 되어 뻗을 때까지 펀치를 날리고, 링 위에 누운 여러분 얼굴에 정신이 번쩍 드는 찬물을 끼얹을 겁니다. 농담입니다만 현실로 돌아오는데, 또 나와 시장에게 벌어지는 일을 맑고 투명하게 보는 데, 거래를 몇 개 하면서 얻어맞는 것보다 더 좋은 건 없어요.

릿치 2세   저는 손실 인식에 있어서는 절대 원칙에서 벗어나지 않습니다. 자동으로 인식합니다. 저에게는 원칙에서 벗어난다는 건 더 넓은 범위의 더 느슨한 거래를 하는 것에 가까운데요. 말하자면 거래 성립 요건이 본래 견고해야 할 만큼 견고하지 않거나 제 역량을 약간 벗어난 거래를 하는 거죠. 이런 일은 두 가지 유형으로 나타나는데, 정말 성공적인 거래가 줄줄이 나와서 내가 절대 잘못할 리가 없다고 느끼고 평상시에는 하지 않을 거래를 막 지르거나 또는 매우 엄격한 기준에 부합하는 게 아무것도 없어서 여기저기 억지로 거래하는 겁니다. 보통 손실이 일어나면 가장 잘하는 것에 어쩔 수 없이 다시 집중해야 하기 때문에 제자리로 돌아옵니다.

작은 손실 종목을 많이 갖더라도 큰 성공 종목 몇 개만 갖고 있는 걸 선호하나요, 아니면 긍정적인 마음가짐을 지키기 위해 성공 주식 수가 많은 것이 더 중요한가요?

미너비니   저는 실수까지 감안해서 거래하는 걸 좋아합니다. 전체 거래 대비 수익 거래의 비율이 낮거나 시장수익률 대비 평균 승률이 낮더라도 저의 접근법이 전체적으로 수익을 내도록 노력합니다. 저는 차라리 작은 손실을 많이 입는 걸 택하겠습니다. 직접적으로 통제할 수 없는 전체 거래 대비 수익 거래의 비율을 관리하려고 노력하기보다 수익 대비 손실을 관리해서 경쟁력을 유지하는 것이 더 좋아요.

라이언   저는 항상 일 년에 정말 좋은 종목 두세 개면 모든 작은 손실 또는 그보다 훨씬 더한 것도 만회할 수 있다고 말합니다.

쟁거 과거 20년 동안 제가 거둔 대규모의 수익은 엄청난 움직임을 보였던 단 몇 십 개 종목에서 나왔어요. 다른 것들은 단순히 수익만을 기준으로 가중치를 준다면 통계적으로 무의미합니다. 하지만 항상 매우 작은 규모의 거래로 수질 테스트를 먼저 하기 때문에, 통상 일 년 동안은 수익 거래보다는 손실 거래가 더 많다고 부연 설명을 드립니다. 사실 이런 작은 거래들은 큰 움직임들 사이사이 지루함을 피할 수 있도록 도와주기 때문에 저에게 필요해요. 수질 테스트가 더 좋은 움직임의 종목 몇 개를 찾는 데 도움이 되었다는 것도 인정해야겠죠. 물론 상승에 실패하거나 피봇 가격대 밑으로 떨어진 종목들에 대해서 굉장히 빡빡한 스톱 가격을 설정하는 건 두말하면 잔소리입니다.

릿치 2세 이상적이라면 상황을 더 빨리 유리하게 쓰기 위해 작은 이익이 많이 있으면 좋겠습니다. 하지만 규모가 커질수록 거래 관리가 더 어려워지는 것도 사실이죠. 그래서 항상 큰 움직임도 탈 수 있는 선별적인 상황을 찾고 있습니다.

MOMENTUM MASTERS

시장이 호의적이지 않을 때를 대비해서
전략이 깨졌을 때를 어떻게 아나요?

미너비니   저는 갑자기 수요 공급의 원칙이 깨지지 않는 한 영구히 깨지지
않을 시대 초월적인 원칙을 쓰고 있습니다. 이 원칙이 깨지는 건
중력의 법칙이 작용하지 않는 것과 같을 겁니다. 거의 가능성이
없죠. 어떤 전략을 쓰건 상관없이 트레이딩이 어려워질 때가 있
고, 어떤 시점에는 모든 전략이 시장수익률을 하회할 때도 있을
겁니다. 그런 기간에는 많이 잃지 않는 데 중점을 두고 전략이 다
시 우세가 될 때를 대비해 자신을 점검합니다.

라이언   제 전략은 깨진 적이 없습니다. 주식시장에서 통하는 전략이에요.
가치주가 우세하고 성장주보다 수익률이 뛰어날 때도 있지만, 그
렇다고 저의 전략이 깨졌다는 건 아닙니다. 결국 시장은 이익이 성

장하는 쪽으로 항상 돌아옵니다.

쟁거 브레이크 아웃이 계속적으로 실패하면 모멘텀 트레이딩이 작동하지 않는다는 걸 알게 되죠. 시장 조정 또는 종잡을 수 없는 주가 움직임이 시작된 것이 명백하면 몇 달 혹은 그 이상 옆으로 빠져서 추세를 기다릴 때입니다.

릿치 2세 이 딜레마에 대답하는 것이 하락을 견뎌 내느냐, 수건을 던지고 포기하느냐 중 하나를 선택하는 것과 비슷할 때가 많습니다. 지금까지 저는 저의 트레이딩과 확률 이론적으로 일어날 불리한 영향에 대해서 현실적으로 이해하려고 노력하면서 이 문제에 대응했습니다. 그래서 통계적으로 의미가 있다고 확신되는 특정 기간의 트레이딩 결과값들이 있으면 수학적으로 입력한 우세 여건을 바탕으로 최악의 하락 상황을 예측하기 위해 결과값들을 입력해 일련의 시뮬레이션을 돌려봅니다. 만약 확률 이론적으로 가능하거나 통계적 표준에서 한참 떨어져 있는 상황보다도 제가 실제 경험하는 시장 하락이 더 나쁘면, 우세 여건에 대한 초기 가정이 굉장히 의심스러운 경우일 수 있어요.

여기서 핵심은 신고가가 갱신되는 장에서는 아무도 주식을 포기하지 않기 때문에, 여러분 또는 여러분의 접근법이 잘못되었음을 암시하는 하락폭인지 혹은 정상적인 하락폭인지를 구분하기 위해서는 현실적인 시뮬레이션 가정 요건들을 갖고 있어야 한다는 겁니다.

여러분은 모두 손실을 경험했습니다.
매우 긍정적인 태도를 유지하고, 나의 방법이
결국 잘 통할 것이라는 그런 강한 믿음을 가진
배경에는 무엇이 있었나요?
시장수익률을 초과하는 방법을 알거나
다른 사람에게서 배우는 것이 쉽지 않던
시절이었을 텐데요

미너비니 이것이 정확하게 저의 접근법이 시대를 초월하는 진실을 기반으로 하는 이유입니다. 저는 중요한 물음표 중 하나인, 제가 '전략 요인'이라고도 부르는 것을 제거합니다. 그러면 가장 중요한 변수인 저 자신으로 문제가 한정됩니다. 저는 항상 결과에 책임을 졌고, 외부 요소를 원망한 적이 없습니다. 객관적이 되고 실수에서 배울 수 있다면 결국에는 올바른 지식을 획득하게 될 겁니다. 그 후는 훈련의 문제죠.

여러분의 능력을 믿고 전념해야 합니다. 시계 따위는 잊어버리세요. 쓸모 있을 정도로 어떤 일을 잘하게 되기까지는 시간이 걸리고, 들어가는 시간도 사람마다 다릅니다. 1년 후에도 감을 못 잡는다면 2년을 들이고, 2년 후에도 못 잡았다면 3년으로, 그렇게 계속 시간을 들이세요. 마감 시간을 정해 놓고, "x만큼의 시간 내에 못하면"이라고 말한다면 벌써 운명은 정해진 겁니다. 삶은 조건 없이 전념하고 헌신하는 사람들에게 보상을 줍니다. 시장을 벗겨 먹을 수 있는 방법은 많습니다. 다만 궁극적으로 중요한 건 총이 아니라 총잡이입니다.

라이언 운이 좋게도 윌리엄 오닐을 만나고 그가 시장에서 어떻게 일하는지를 봤습니다. 즉 성공 모범 사례가 저에게는 있었습니다. 손실을 경험했을 때 실수한 부분이 무엇인지 파악하기 위해 많은 노력을 들이면, 실적을 바꿀 수 있을 거라는 걸 알았어요. 일단 실수를 고치고 나니 한 종류의 거래 조건만 써서 매수하는 데 극도로 집중하게 되었습니다. 다른 방법이나 거래 요건에는 신경 쓰지 않았어요. 그때 제 수익이 본격적으로 늘어나기 시작했습니다.

쟁거 베벌리힐스에서 부자들에게 수영장을 지어 주기 위해 일 년에 6만 달러도 못 벌면서 일주일에 80~90시간씩 일하는 게 너무 지겨웠습니다. 큰돈은 주식이나 부동산 시장에서 만들어진다는 걸 항상 알고 있었고, 죽기 직전에 한 일이 수영장 만드는 거라고 생각하니 이 일은 이제 그만둬야겠다고 생각했습니다. 저는 주식시장을 선택했습니다. 1만 5,000달러의 적은 돈으로 시작한 저는 마진을 쓰면 초기 거래 자금으로 3만 달러를 가질 수 있을 거라고 예상했습니다. 6개월 안에 두 배를 만들면 6만 달러가 생길 거고, 6

개월 후에 또 두 배를 만들면 12만 달러가 생기는 거죠. 무슨 일이 있어도 지금 일을 그만둘 거였기 때문에 과도하게 긍정적인 산수를 했고, 이 산수 셈법이 수영장 건설 일에서 나오는 확실한 길을 제시했습니다.

1970년대와 1980년대 UHF 채널 번호 22의 KWHY-TV의 프로그램을 보면서 차트와 차트의 힘을 처음 목도했습니다. 진 모건Gene Morgan이라는 친구가 장 마감 30분 후 〈차트로 보는 시장Charting the Market〉에 나왔습니다. 진은 이젤과 당시 『데일리 그래프Daily Graph』라고 알려진 책에서 복사한 차트 복사본을 사용했습니다. 진은 복사본을 이젤에 두고 자신들이 시장의 미래 가격 움직임을 어떻게 예견하는지 설명하면서 차트에 표시도 했죠. 가격 차트에서 플래그, 페넌트Pennant(길고 얇은 삼각 깃발인 페넌트 모양의 패턴. 기존 추세의 연장을 보이는 신호—역주), 컵 앤 핸들, 파라볼릭 커브Parabolic Curve(기하급수적으로 상승하는 모양의 패턴. 강세장의 반전 신호로 해석—역주) 패턴을 보여 주곤 했습니다.

저는 이게 말도 안 되는 대단한 개념이라고 생각했고, 그의 무료 세미나에 갔습니다. 공교롭게도 진의 관심은 원유와 가스 벤처 지분을 파는 것뿐이었어요. 그래서 저 혼자서 로스앤젤레스에 있는, 『데일리 그래프』가 인쇄되고 있는 사무실에 가서 매주 토요일 아침에 인쇄된 책을 샀습니다. 저는 진이 TV에서 보여 준 차트를 분간해 내려고 모든 남는 시간을 2,000여 개에 이르는 주식을 자세히 보는 데 썼습니다. 목숨이 달렸다고 해도 패턴 하나를 못 찾았을 겁니다. 물론 누군가가 알려 주지 않으면 차트 패턴을 제대로 해석할 수 없다는 것도 깨달았죠. 제가 쓴 시간은 차트 패턴을 알아보는 데 있어 시간 대비 유용하지 않았습니다.

해당 사무실에서 『차트 패턴 백과사전Encyclopedia of Chart Patterns』과 함께 윌리엄 오닐의 『최고의 주식 최적의 타이밍』을 추천했습니다. 저는 소매를 걷어붙이고 바로 책 읽기에 들어갔고, 이후 제시 리버모어의 책 『어느 주식투자자의 회상』 등으로 범위를 넓혀 갔습니다. 무언가 잡히기 시작했습니다. 완전히 감을 잡을 때까지 몇 년 동안 이 책들을 반복적으로 읽고, AIQ 차트 프로그램에서 보이는 걸 장중 실시간 트레이딩에 적용했습니다.

릿치 2세 당연히 초기에는 제가 하고 있는 것이 통할 거라고 확신하지 못했습니다. 사실 제가 취한 방법들 중 작동하지 않는 부분도 있었는데, 위험을 관리하고 효과가 있는 아이디어들을 늘려 가면 해낼 수 있을 거라는 자신감은 있었습니다. 첫해에는 돈을 거의 벌지 못했습니다. 포트폴리오에 큰 수익을 안겨 준 아이디어가 하나 있긴 했지만 포트폴리오 배분이 가장 적었습니다. 그러니까 효과가 있는 아이디어에 포트폴리오를 더 많이 배분하면 더 잘했을 거라는 걸 깨달았습니다. 그래서 이익이 크게 늘지는 않았지만, 저의 지식과 경험이 이 일을 계속하지 않고 그만둔다면 바보같이 느껴질 정도는 되었다고 느꼈습니다.

사후 분석을 합니까? 한다면 과정 그리고 정보를 트레이딩 향상을 위해 어떻게 이용하는지 설명해 주실 수 있을까요?

미너비니 네. 저는 사후 분석의 완전한 팬입니다. 전문 투자자로서 일을 시작한 초기에 저의 트레이딩을 완전히 전환시킨 것이 바로 사후 분석입니다. 트레이딩 결과를 측정하기 위해서 제가 사용하고 저희 프라이빗 액세스 회원들한테도 제공하는, 회사 독점의 확률 분포 곡선을 소프트웨어로 만들기까지 했습니다. 추가로 굉장히 단도직입적인 평가를 수행하는데, 차트에 사고판 지점을 간단히 표시하고 공통분모를 찾으며 결과를 연구합니다. 이런 기초적인 분석이 눈을 확 뜨이게 할 수 있어요. 중요한 건 되먹임 회로Feedback loop(트레이딩 결과가 트레이딩에 반영되어서 트레이딩을 개선하고, 개선된 트레이딩의 결과값을 또 트레이딩에 넣어 결국 트레이딩과 그 결과가 선순환하는 구조를 만드는 것—역주)를 만들고 트레이딩 결과를 정기적으로 접하는 겁니다. 그다음은 이렇게 배운 것들이 트레이딩에 적용되고 실행되기만 하면 됩니다.

라이언 주식을 사면 저는 가장 중요한 통계적인 정보와 차트를 인쇄하거나 화면에 갈무리합니다. 그리고 매도한 후에 다시 살펴볼 수 있도록 파일로 저장합니다. 또 왜 주식을 샀는지, 현재 시장 환경은 어땠는지도 적어 놓고요. 그러고 나서 실제 매도와 매수 기록에서 잘했던 부분, 실수했던 부분들을 찾아 공부합니다. 다른 어떤 것보다 자기 자신의 투자와 트레이딩 패턴을 공부하는 데서 더 많은 걸 배울 수 있습니다.

쟁거 지금은 사후 분석을 이따금 하지만, 시작했을 때는 필기용 공책을 갖고 다니면서 모든 실수를 적었습니다. 이렇게—웹사이트에 있기도 한—10가지 황금 규칙과 트레이딩 비결10 Golden Ruldes and Trading Tips을 만들었고 아직까지도 쓰고 있습니다.

릿치 2세 거래를 추적, 조사하는 건 항상 하는 일입니다. 제가 하는 모든 거래를 위한 정확한 트레이딩 매트릭스를 가질 수 있도록 거래를 각각의 전략에 따라 추적, 조사합니다. 그러면 주어진 접근법 또는 전체 포트폴리오 기준으로 발생 가능한 손실을 예측할 때 쓰는 시뮬레이션 가정을 더 잘 확립할 수 있습니다. 저는 사후 분석을 안 하는 사람이 많다는 데 놀랍니다. 성공적인 거래를 위해 필수적이라고 말씀드리는 건 아니지만, 저에게는 꼭 필요합니다.

힘들어 하고 있는 트레이더들이 차트 패턴을 공부하는 것만큼 자신들의 차트를 공부했다면 훨씬 더 잘살고 있을 겁니다. 여러분의 실제 트레이딩 결과는 이익을 내지 못했다 하더라도 여러분에 대한 풍부한 정보를 담고 있어요. 돈을 잃은 트레이더들 대부분은 자신들의 초라한 성적을 눈으로 직접 보는 게 고통스러워서 이걸 안 합니다. 하지만 가장 좋은 방법은 내가 잘하는 것, 잘 못하고 안 되는 부분에 대한 패턴을 찾기 위해 거래 결과를 연구하는 겁니다. 향상해야 할 부분이 명확히 드러나면, 이에 따라 위험노출 규모를 늘리거나 줄일 수 있습니다. 반대로 거래를 따라가지 않으면 본인 트레이딩의 실상, 또 트레이더로서의 본인이 어떤지를 절대 알 수 없습니다.

MOMENTU

마치며

MOMENTUM MASTERS

성공적인 트레이더가 되는 데 있어
가장 큰 장애물이 무엇이었나요?

미너비니　처음에는 원칙을 철저히 지키는 게 가장 어려웠습니다. '이번 딱 한 번만'을 멈추는 거 말입니다. 아시죠? 주가 차트가 "매도, 매도, 매도!"라고 외치는데 저는 "'이번 딱 한 번만' 그냥 가져가고 초과로 시간 여유를 더 줘야지" 하는 거죠.

트레이딩 초기에는 대부분 손절을 했지만 어쩌다 한 번씩 목숨이라도 달린 것처럼 꽉 붙잡고 있곤 했는데, 몇 안 되는 큰 손실이 대참사를 만들기도 했습니다. 트레이딩을 할 때 나만 기회를 놓치고 있다는 공포Fear of Missing Out, FOMO는 강력한 감정입니다. 많은 트레이딩 실수가 여기서 비롯됩니다.

저에게는 주요 원칙이 두 개 있습니다. 하나는 억지 트레이드 금지이고, 다른 하나는 큰 손실 금지입니다. '오래 앉아 있는 힘', 즉 올바른 거래 요건이 충족될 때까지 기다리고, 평균도 못 미치는 거래를 위해 억지로 거래에 들어가지 않을 힘을 길러야 합니다. 이후에는 예상대로 흘러가지 않는 상황에서 손실을 빨리 줄이는 원칙만 만들면 됩니다.

라이언 새로운 사고방식에 적응하는 것이 가장 극복하기 힘든 장애물입니다. 실수를 받아들이고 그 실수를 반복하지 말아야 합니다. 이는 과거에 무얼 잘못했는지를 분석하고 자아를 성찰해야 하기 때문에 어렵습니다. 사람들은 그걸 하기 싫어하죠. 제가 초기에 저지른 실수를 보니, 브레이크 아웃 이후 확장 단계일 때 사는 주식이 너무 많더군요. 그걸 고치고 나니까 트레이딩 실적이 본격적으로 상승했습니다. 신고가를 갱신하는 주식을 사는 데에도 익숙해져야 했습니다. 처음에는 정말 하기 두려운 일이었는데 자꾸 하다 보니 매우 자연스럽게 할 수 있게 되었습니다.

쟁거 차트를 제대로 읽는 것이 단연 가장 큰 장애물이었고, 마진을 쓴 상태에서 시장이 꺾일 때뿐만 아니라 가파르게 조정이 진행될 때, 그 힘을 바르게 판단하지 못하고 존중하지 않은 것도 장애물이었습니다.

릿치 2세 가장 힘들었던 부분은 고비를 넘기는 거였습니다. 이건 생계를 위해 하지 않아도 될 거래를 해야 하는 상황에 놓이지 않을 정도로 충분한 돈을 벌었다는 걸 의미합니다. 시장에서도 잘 작동하고, 저와도 잘 맞는 방법을 찾은 게 그 이유겠죠. 부양의 의무는 가장 큰 동기가 되지만, 갈등을 잘 조절하지 못하면 가장 큰 재앙도 됩니다. 큰 부를 일군 트레이더들의 영광스러운 얘기에서 이 부분은 드물게 언급되죠. 하지만 추측하건대, 트레이딩으로 생계를 이어갔다면 그들 모두는 인식을 했건 안 했건 이 갈등을 해결해야 했을 겁니다.

학습 곡선을 생각할 때
가장 도움이 된 것은 무엇입니까?
시행착오인가요, 트레이딩 책인가요,
스승인가요, 아니면 다른 어떤 게 있나요?

미너비니 말씀하신 것 전부요. 그중 가장 큰 부분은 과거 트레이딩을 분석하고 제가 무엇을 반복적으로 잘못하고 있는지를 이해한 거였죠. 공통분모를 일단 발견하자 이 결점에서 배우고 이를 보완해서 능력을 쌓는 문제만 남았습니다.

라이언 대부분은 시행착오였습니다. 거래를 할 때 내가 무엇을 생각하고 있는지, 내 실수가 어디서 저질러지고 있는지를 따져 본 뒤에야 학습 곡선이 본격적으로 궤도에 올랐습니다. 더 성공적인 트레이더에게 조언을 얻을 수도 있고 트레이딩 관련 책에서도 배울 수 있지만, 결국에는 여러분에게 잘 맞는 원칙을 몸소 익혀야 합니다.

쟁거   여러 권의 책 그리고 저의 AIQ 차트 프로그램, 그 둘의 조합일 겁니다. 『최고의 주식 최적의 타이밍』은 제 독서 목록 상위에 올라가야 할 책이고, 『어느 주식투자자의 회상』도 마찬가지입니다. 모든 트레이더와 투자자가 반드시 읽어야 하는 책입니다.

릿치 2세   말씀하신 모든 것이 큰 도움이 되었습니다. 제가 받은 영향을 순서대로 보면, 믿음, 사람 그리고 연습입니다. 믿음에 대해서 말씀드릴게요. 저는 예수를 따르는 사람입니다. "도대체 그게 트레이딩이랑 무슨 상관이 있는데?"라고 할 수 있죠. 하지만 저에게는 모든 것에 상관이 있어요. 저의 정체성이 제가 무얼 하느냐 또는 무얼 잘하느냐에 있는 것이 아니라 저의 믿음에 있기 때문입니다.

믿음 덕분에 엄청나게 큰 실패를 할 수 있는 자유가 생깁니다. 이 자유가 제가 성취하는 성공이 얼마큼이건 그 중심에 있다고 생각합니다. 게다가 제가 어떤 은사를 만나고 재능을 받건 그것으로 진정으로 소명받은 일을 행하면 저 자신의 영광을 위해 하는 일이 아니기 때문에 실패하기 힘듭니다. 긴장감은 여전히 있습니다. 언젠가는 다른 일을 하기 위해 거래를 그만두고 싶을 때 두려움 없이 다른 생각하지 않고 떠날 수 있기를 바랍니다. 저는 주님의 뜻만을 따르고, 어떤 것에도 종속되지 않기를 원합니다.

다음으로 사람입니다. 역량과 지혜와 관련해서 몇몇 분의 영향이 없었다면 저는 지금도 어딘가에서 헤매고 있었을 겁니다. 처음이자 가장 중요한 분은 저의 아버지 마크 릿치입니다. 주위 사람들에게 '위대한 마크'로 알려지셨죠. 저에게 트레이딩을 시작할 첫 자금을 주셨고, 간단한 말로 할 수 없는 너무나 많은 것, 특히 끈기 있게 트레이딩에 매진할 수 있는 자신감을 주셨으니 가장 큰 공은 아버지께 돌려야 합니다. 마크 미너비니는 그의 성품과 트레이딩이 제 주식 트레이딩의 상당 부분에 영향을 줬고, 피터 브랜트 Peter Brandt도 제가 트레이딩에 적용하는 통계의 진수를 더 잘 이해하는 데, 특히 하락장을 견뎌 내는 데 큰 도움을 주었습니다. 마지막으로 일일이 호명하기에는 너무 많은 훌륭한 가족, 친구들, 무엇보다 돈 한 푼 없을 때도 엄청나게 저를 지지해 준 훌륭한 아내를 만난 건 저에게 큰 축복입니다.

이제 연습에 대해 얘기해 보겠습니다. 성공적인 트레이딩은 연습의 결과물입니다. 무엇을 어떻게 연습할지는 공부를 하면 알 수 있습니다. 시장 자체에 대한 공부뿐만 아니라 본인의 트레이딩 결과와 자신을 발전시킬 수 있는 방법을 추구하는 것이 공부입니다. 저의 추천 책 목록이 어려울 수 있는데, 특히 시장과 관련해서는 다음의 책들을 꼽겠습니다.

- 에드윈 르페브르, 『어느 주식투자자의 회상』
- 잭 슈웨거, 『시장의 마법사들』
- 제시 리버모어, 『제시 리버모어의 주식투자 바이블』
- 윌리엄 오닐, 『최고의 주식 최적의 타이밍』
- 잭 슈웨거, 『어떤 것 그리고 모든 것Anything and Everything』
- 마틴 버지 슈워츠Marty Schwartz, 『나는 어떻게 2000만 달러를 벌었나』

믿음 또는 심리 면에서 본인을 발전시키고자 하는 분들 혹은 영혼과 인격을 만들어 가기 위해 미개척지의 길을 따라 떠나 보고 싶으신 분들에게는 다음의 책을 추천합니다.

- 신약 성경
- 마이크 브린Mike Breen, 벤 스턴케Ben Sternke, 『오이코노믹스Oikonomics』
- 오스왈드 챔버스Oswald Chambers, 『주님은 나의 최고의 선물』
- 도널드 밀러Donald Miller, 『내가 찾은 하나님은』

조언자, 스승이 필요하다고
생각하나요?

미너비니 스승이 좋은 사람이면 굉장히 중요하고, 그 사람이 필요한 기술을 배우는 길을 열어 줄 수 있습니다. 학습 곡선을 단축할 수 있고 혼자서는 절대 못 배웠을 것들을 배울 수 있습니다. 하지만 올바른 걸 연습할 때만 완벽해질 수 있다는 걸 기억하세요. 스승은 여러분이 습득하고자 하는 것을 이미 완성한 사람이어야만 합니다. 누구에게 배울지 신중히 선택하세요. 어떤 사람들은 한 번도 100만 달러를 벌어 본 적 없는 사람들에게서 100만 달러 버는 법을 배울 수 있다고 생각하는데, 저는 이해가 안 가더라고요. 심지어 예전에 파산 신청을 한 자산관리사도 알아요! 얼마나 어처구니없나요?

라이언　　스승이 있다면 꼭 살펴봐야 할 곳을 찾고 집중하는 데 있어 시간적인 도움을 받을 수도 있지만, 혼자서도 충분히 할 수 있습니다. 더 힘들고 더 오래 걸릴 수도 있지만, 스스로 결과를 점검하고 성공한 투자자들의 책을 읽거나 세미나를 들으면 됩니다.

쟁거　　스승이 어떤 사람인지에 따라 정말 달라집니다. 제가 보니 그들 대부분은 알맹이가 있다기보다 본인을 과대포장한 사람들이에요. 여러분은 금방 파산의 길로 이끌려 가게 될 겁니다. 하지만 운 좋게 투자 성적이 좋고 경험 많은 스승을 찾는다면, 그 사람이 여러분을 다음 단계 혹은 그 이상으로 빠르게 도약하도록 도와줄 겁니다.

릿치 2세　　앞서 언급한 것처럼 한 사람 혹은 심지어 여러 스승을 만나는 경험은 정말 소중하다고 생각합니다. 저는 '지혜는 많은 사람의 조언 속에서 발견된다'는 속담을 강하게 믿는데요. 그래서 안다고 생각하는 것에 만족하지 않고, 지식과 실전에 있어서 우리보다 더 경험 있는 사람들에게 배울 의지가 있어야 한다고 생각합니다.

트레이딩 인생에서 가장 중요한 '깨달음'의 순간은 언제였나요?

미너비니 정확한 위험 관리만 하면 세 자릿수 수익을 달성하기 위해서 두세 배 올라가는 주식을 찾을 필요가 없다는 걸 깨달았을 때입니다. 더 작은 움직임으로 트레이딩해도 큰 수익을 거둘 수 있고, 더 중요한 건 꾸준히 그렇게 할 수 있다는 겁니다. 위험에 대비한 보상 그리고 거래량이 모든 걸 좌우합니다. 이것이 모두가 찾아다니는 성배입니다.

라이언 첫해에 거래한 내역을 공부하고 제가 잘못하고 있다는 걸 안 순간입니다. 그때 그 종류의 거래 진입 조건 하나만 이용해서 매수하고, 다른 건 신경 쓰지 않아야겠다고 다짐했죠. 이후로 거래가 제대로 돌아가기 시작했습니다.

쟁거 1997년 10월, 주가가 강세로 여름을 난 후 원유 지수 차트가 만들어 낸 중요 반전 막대를 봤을 때입니다. 어느 날 저녁 이 반전 막대가 눈에 들어왔고, 저는 지수는 시장을 주도하는 것이니 이 막대가 시장이 꼭대기를 지났다는 걸 의미할지도 모른다고 생각했습니다. 매일 밤 해가 지듯이 너무도 당연하게 시장이 그때부터 추락했고 제 포지션은 망가졌습니다. 이 순간 제 포트폴리오의 결과는 절대로 잊을 수 없을 겁니다.

지금까지도 잠재적인 약세 차트나 약한 일일 막대를 보면 저는 빠르게 시장을 나옵니다. 제가 맞을 때가 자주 있고 초기 경고 신호도 잘 알아보고 안전을 지키는 편이지만, 저도 여전히 틀릴 수 있습니다. 그러나 그때의 기억은 분명하게도 과거 몇 십 년 동안 큰 도움이 되었습니다. 기억하세요. 여러분은 언제든 포지션에 다시 들어갈 수 있습니다.

릿치 2세 좋은 생각과 접근법이 결합되었을 때의 힘을 깨달았을 때입니다. 내림세를 잘 관리하고 승리하는 전략을 고수할 때 돈을 불릴 수 있다는 걸 깨달았습니다.

상위 5개의 트레이딩 규칙은
무엇인가요?

미너비니 1. 위험을 먼저 생각한다. 항상 손절 주문과 함께 거래하고, 들어

가기 전 어디서 나갈지 안다.

2. 손실은 작게 유지하고 적당한 수익을 달성하면서 손익분기점을

지킨다.

3. 절대로 기대하는 수익보다 더 많은 위험을 지지 않는다.

4. 평균 단가를 낮추려 하지 않는다.

5. 본인 트레이딩의 진실을 안다: 주기적으로 사후 분석을 수행

한다.

라이언 1. 손실이 나는 거래는 잘라 내고 손실을 작게 유지한다.

2. 원칙을 극단적으로 준수한다.

3. 연속적으로 손실을 다수 기록하면 거래 규모를 줄인다.

4. 절대로 만족할 만한 수익을 손실로 바꾸지 않는다.

5. 자금을 비성공적인 종목에서 성공 종목으로 옮긴다.

쟁거 **1.** 절대 매수한 가격보다 아래로 주식이 내려가도록 두지 않는다.

2. 변곡 혹은 돌파 구간보다 3~5퍼센트 이상 높은 가격의 주식은 쫓지 않는다.

3. 옵션을 피한다.

4. 만족스러울 정도로 상승한 후에는 포지션 크기를 줄인다.

5. 성공적인 종목에 집중하고 뒤처지는 종목은 내보낸다.

릿치 2세 **1.** 항상 전체 포트폴리오뿐만 아니라 포지션 각각에 대한 위험을 가능한 모든 면에서 평가하고 거래한다.

2. 큰 손실 후 또는 손실 기간에 있다면 항상 거래 규모를 줄인다.

3. 잘 작동하는 생각과 전략에 자본을 옮기고 효과가 없는 것에서는 줄인다.

4. 자본을 지키는 것과 동등한 가치를 두고 감정을 지킨다.

5. 매일 'A' 등급 거래들로 트레이딩한다.

일반적인 투자자들이 큰 성과를 내지 못하는 이유는 무엇일까요?

미너비니　주식시장에서 트레이더들이 큰 성과를 달성하지 못하는 주요 이유라고 할 수 있는 것들은 다음과 같습니다.

- 잘못된 선택 기준을 사용한다.

- 손절 거래를 하지 않는다: 가장 일반적인 실수

- 잃고 있는 포지션에 추가한다: 돈을 날리는 첫 번째 이유

- 수익을 지키지 않는다: 괜찮은 수준의 수익을 손실로 바꾼다(굉장히 흔한 실수)

- 본인 트레이딩의 진실을 모른다: 주기적으로 사후 분석을 수행하지 않는다.

- 전략을 지키지 못한다: 스타일 표류라는 걸 경험하고 너무 일찍

포기한다(역시 매우 흔한 실수)

- 규율을 깬다: 규칙이 있지만 결국 어긴다.

라이언 투자하기에 적합한 감정 상태를 갖고 있지 않거나 실수를 연구하고 고치는 걸 하지 않거나예요. 성장주 전략을 채택한다면 마크 미너비니, 윌리엄 오닐 같은 위대한 트레이더들이 쓴 책이 있고, 적합한 규칙에 대해서 쓴 책도 많습니다. 이를 읽는 게 일반적인 투자자들이 해야 할 몫입니다.

쟁거 일반적인 투자자는 보통 직업이 따로 있고, 자녀도 있을 수 있고, 또 시간이 소요되는 다른 산만한 일도 많이 있습니다. 즉 평균보다 약간 높은 위험만 취하려고 할 때 필요한 차트 패턴 해석이나 숙제를 할 시간이 그들에게는 거의 없습니다.

릿치 2세 일반적인 투자자는 우선 큰 성과를 꾸준히 거둘 정도로 충분히 시장을 이해하지 못합니다. 이해한 사람이 있다고 해도, 지식을 갖추는 것뿐만 아니라 제대로 꾸준히 일을 해내기 위해 필요한 만큼의 원칙을 지킬 수 있는 사람은 훨씬 더 적을 겁니다. 저희 아버지가 『나의 트레이딩 바이블My Trading Bible』에서 지적하듯이, 지식과 재능도 물론 좋지만 '규율'을 따라야 임무가 완수됩니다.

신규 트레이더에게
어떤 조언을 하고 싶은가요?

미너비니 좋은 롤 모델, 즉 여러분이 열망하는 걸 이미 이루어 낸 사람을 찾
으세요. 초기 몇 년 동안 성적이 안 난다고 실망하지 마세요. 트레
이딩하는 법을 배우는 데는 시간이 걸립니다. 어마어마한 양의 실
수를 할 거라는 것 그리고 그 실수에서 배워야 한다는 걸 깨달아
야 해요. 실수가 최고의 스승입니다. 행동을 취하고 경험을 얻어
야 합니다. 계획을 짜고 행동을 하세요. 아무 계획이 아무런 계획
도 없는 것보다 낫습니다.

기꺼이 노력을 들이고 실패를 받아들이고 그에 대한 책임을 져야
합니다. 그러면 성공의 주인공이 될 수 있습니다. '비법'은 없다는
걸 아셔야 해요. 대부분의 트레이더들에게 가장 큰 난제는 전략
을 고수하고 규율을 지키는 겁니다. 대부분 트레이더는 성공 전략

이 주어져도 학습 커브를 전적으로 따르지 못하고 어려운 시기도 넘기지 못하기 때문에 실패합니다. 전략에 대한 확신과 자신의 능력에 대한 확신을 잃는 거죠.

라이언 《인베스터스 비즈니스 데일리》,《마켓 스미스》그리고 마크 미너비니가 내놓는 자료를 모두 읽으세요. 그걸 공부하고 투자를 시작하세요. 몇 백 달러일지라도 시작하세요. 첫 투자에서 많은 걸 배울 겁니다. 실수에서 배우고 고치세요. 절대 포기하지 말고 계속 시도하세요. 충분히 노력만 한다면 앞으로의 수익이 엄청나게 달라질 겁니다.

쟁거 앞서 언급한 책을 읽으세요. 그러면 시장 또는 종목의 추세 반전을 발견할 수 있을 뿐 아니라, 6~9개월 동안 견고한 수익을 만들 수 있을 겁니다. 시장 조정을 겪을 때까지 마진이나 옵션은 사용하지 마세요.

릿치 2세 신규 트레이더분들께 매우 간단히 말씀드리겠습니다. 제가 '쓰리 엠Three M'이라고 부르는 시장Market, 방법Method, 자신Myself에 집중하세요. 이 세 가지가 함께 작동한다면 여러분은 성공할 겁니다.

초수익 모멘텀 투자

초판 1쇄 발행 2023년 10월 31일
3쇄 발행 2024년 8월 17일

지은이 마크 미너비니
옮긴이 송미리

펴낸곳 ㈜이레미디어
전화 031-908-8516(편집부), 031-919-8511(주문 및 관리)
팩스 0303-0515-8907
주소 경기도 파주시 문예로 21, 2층
홈페이지 www.iremedia.co.kr **이메일** mango@mangou.co.kr
등록 제396-2004-35호

편집 이병철, 주혜란 **디자인** 황인옥 **마케팅** 김하경
재무총괄 이종미 **경영지원** 김지선

ISBN 979-11-93394-05-2 (03320)

· 가격은 뒤표지에 있습니다.
· 잘못된 책은 구입하신 서점에서 교환해드립니다.
· 이 책은 투자 참고용이며, 투자 손실에 대해서는 법적 책임을 지지 않습니다.

당신의 소중한 원고를 기다립니다.
mango@mangou.co.kr